浙江省哲学社会科学规划课题后期资助 （14HQZZ009）

浙江省哲学社会科学规划
后期资助课题成果文库

中国高技术产业国际分工地位及其升级研究：基于非竞争型投入产出法的视角

Zhongguo Gaojishu Chanye Guoji
Fengong Diwei Jiqi Shengji Yanjiu

杨高举　著

中国社会科学出版社

图书在版编目 (CIP) 数据

中国高技术产业国际分工地位及其升级研究：基于非竞争型投入产出法的视角 / 杨高举著 . 北京：中国社会科学出版社，2016. 6

ISBN 978 - 7 - 5161 - 7958 - 1

Ⅰ. ①中…　Ⅱ. ①杨…　Ⅲ. ①高技术产业 - 研究 - 中国　Ⅳ. ①F279. 244. 4

中国版本图书馆 CIP 数据核字 (2016) 第 070500 号

出 版 人	赵剑英
责任编辑	宫京蕾
责任校对	周　昊
责任印制	何　艳

出　　版	中国社会科学出版社
社　　址	北京鼓楼西大街甲 158 号
邮　　编	100720
网　　址	http：//www. csspw. cn
发 行 部	010 - 84083685
门 市 部	010 - 84029450
经　　销	新华书店及其他书店

印刷装订	北京市兴怀印刷厂
版　　次	2016 年 6 月第 1 版
印　　次	2016 年 6 月第 1 次印刷

开　　本	710×1000　1/16
印　　张	11. 25
插　　页	2
字　　数	185 千字
定　　价	45. 00 元

前　　言

20 世纪 80 年代以来，产品内分工（Intra‑product specialzation）的快速发展极大地改变了国际贸易与投资的模式以及全球价值链的分布生态，尤其在制造业领域，发展中国家的外贸表现可谓引人注目。然而相关的实证研究却发现，发展中国家出口（特别是高技术产品）的爆炸式增长，不过是一种人为的"统计假象"（Statistical Illusion），它掩盖了发展中国家在高技术产业国际分工中以"劳动密集型"生产为主的低端地位。对此问题，鲜有研究在探索解决"统计假象"问题的基础上，准确测度发展中国家高技术产业的国际分工地位，进而分析推动其升级的主要动力与路径选择。

本书基于改进的非竞争型投入产出模型，首先，尝试在解决"统计假象"问题的基础上提出了一个分析一国高技术产业国际分工地位的框架，以之实证测度了中国高技术产业的国际分工地位及其区域差异，并以该方法对市场势力估计中"统计假象"扭曲效应的校正进一步验证了其可靠性；其次，从内部动力的视角出发，基于国际分工地位的测度方法，尝试构建了一个影响发展中国家高技术产业国际分工地位的主要因素的理论框架，并以中国等发展中国家的数据进行了实证检验；再次，构建了发展中国家借助产业转移阶段高级化、技术吸收能力提升和自我技术研发积累三者的互动，取得本国技术水平的"蛙跳"（Leapfrogging）式进步，进而提高本国的国际分工地位的路径选择模型；最后，以平湖光机电产业集群和中国高铁技术引进为例，对中国高技术产业国际分工地位及其升级进行典型案例分析。研究表明：

（1）"加权的增加值‑生产率"指数可比较准确地测度产品内分工条件下一国高技术产业的国际分工地位。第三章基于改进的区分高技术产业和传统产业的非竞争型投入产出模型，从单位高技术出口品中包含的国内完全增加值（Domestic Value‑Added，DVA）以及该国创造这些增加值的生产效率的角度，构建"加权的增加值－生产率"指数，进行多期跨国比较分析，在解决"统计假象"的基础上，可较准确地测度一国高技术产业在国际分工中的地位及其跨期变动状况。该方法弥补了传统测度方法难以解决"统计假象"问题的不足，也为准确理解高技术领域国际分工与贸易的真实经济图景及其理论解释奠定了基础。

（2）中国高技术产业的国际分工地位经历了快速提升，但与发达国家相比仍有较大差距。第四章以"加权的增加值－生产率"进行实证测度，发现中国高技术产业国际分工地位在 25 个样本国家和地区中的排名由 1995 年的第 16 位上升到 2005 年的第 10 位，主要是由于劳动生产率的增幅超过了国内完全增加值率的降幅。但从该指数的绝对值来看，中国与主要发达国家还有较大差距，传统的出口总额统计法高估了中国高技术产业的国际分工地位；国内各区域高技术产业在国际分工中的表现有较大差异，东部地区明显领先于中西部地区；与"加权的增加值－生产率"的测度相印证的是，中国高技术产业的国际市场势力因"统计假象"问题而被高估，验证了新测度方法的可靠性。

（3）影响发展中国家高技术产业国际分工地位提升的关键因素是国内技术进步，而中国的技术进步、资本投入等未能充分发挥促进国际分工地位升级的应有作用。第五、六章基于国际分工地位新分析方法，从国内增加值率和出口部门的劳动生产率的比较入手，尝试构建了产品内分工条件下，发展中国家高技术产业国际分工地位升级受其国内技术进步、物质资本和人力资本等因素影响的机理模型，并进行实证检验。结果表明，发展中国家提升其高技术产业国际分工地位应注重本国的技术水平提高、人力资本和物质资本的积累，而非依赖于 FDI 的溢出效应。中国则应该更加注重国内研发投入的市场化导向、资本利用效率的提高和人力资本的培育。

（4）发展中国家高技术产业国际分工地位快速提升的可行路径是，通过吸收先进技术、提高自主创新能力，实现技术"蛙跳"。第七章通过建立考虑了产业转移和技术引进的吸收能力，以及发展中国家的技术研发积累的模型，理论分析表明，即使发达国家对产业转移进行限定，发展中国家仍然能够通过技术学习和自主研发来提高发展水平，而且在具备一定发展基础之后，随着学习能力和自主研发能力的提高，可突破发达国家技术限制和垄断，实现跨越式发展。

（5）外资在中国高技术产业"嵌入"全球生产链和价值链的起步阶段

作用非常明显，而从技术引进到自主创新则要有完善的应对策略才能实现。第八章对平湖光机电产业集群的案例分析表明，抓住发达国家跨国公司生产基地向中国转移的机遇，在政府推动下引进外资，本土企业通过为外资企业提供配套，积累起资本、技术及管理经验，进而推动更多本土企业的跟进与创新，带动产业集群成长壮大，是东部地区乃至全中国高技术产业嵌入全球生产链的典型过程；高铁技术引进的案例则表明，中国国内广阔的市场和战略买家的形成，是取得谈判主动权的重要筹码，在引进核心技术基础上的再创新，是推动国内技术水平进步、实现"蛙跳"式发展的必然选择。

目　　录

第一章

导　　论

第一节　选题背景与意义

20世纪80年代以来，国际贸易领域非常引人注目的现象是：一些拥有众多低技术水平劳动力的发展中国家，生产并出口了大量资本和技术密集型的高技术产品，而这些产品的生产出口曾一度是发达国家的"专利"。更为典型的是，中国作为最大的发展中国家，从2004年开始出现大量高技术产品对外贸易顺差，到2007年中国高技术制造业的规模和产品出口总额都已位居世界第2。[①] 这种"违背"国际贸易中传统的比较优势理论的现象，引起了众多的研究兴趣，也使部分人担心发展中国家高技术领域的进步将对发达国家的商业利益及安全构成挑战（Preeg，2004）。但也有很多学者指出，发展中国家高技术产品出口的爆炸式增长是一种"统计假象"，即在产品内分工与贸易兴盛的背景下，发展中国家通过大量进口高集成度的高技术产品零部件，利用其廉价的劳动力及其他资源要素，组装加工后再出口，形成了从"发达国家→发展中国家→发达国家"的"三角贸易模式"，[②] 而传统的国际贸易总量统计法没有在出口中剔除进口的中间产品值，夸大了发展中国家高技术产业的真实水平（Lall，2000；Srholec，2007；Mayer et al.，2002；Branstetter 和 Lardy，2006）。

"统计假象"问题的存在，使得直接以外贸数据衡量一国高技术产业的国际表现，可能导致对其真实能力和技术水平的高估。这会带来两个问题：一是无法采用传统方法直接对各国特别是发展中国家的高技术产业在

---

① http：//www. gov. cn/wszb/zhibo156/content_ 762801. htm.

② 这种三角贸易模式体现了不同国家的比较优势。

国际分工中的真实地位进行准确判定；二是难以对各国高技术产业的发展状况与发展趋势作出客观的判断与分析。这对于像中国这样处于产业转型升级阶段的发展中国家而言，容易出现政策误导——无论是对本国产业国际分工地位的高估还是低估，都会导致产业指导政策脱离现实，从而对产业转型升级产生不利影响。

学者们注意到了"统计假象"所导致的问题，同时也探索出一些方法来解决该问题，其中以 Hummels et al.（2001）提出的垂直专业化指数（Vertical Specialization）最为典型，但 VS 指数法只是单一的指标，仅反映了一国对产品内分工的参与程度，因而需要探索更为全面有效的方法，在克服"统计假象"问题的基础上对一国高技术产业国际竞争力、国际分工地位进行准确评判，并借此探索发展中国家高技术产业转型升级的可行路径。正是基于这样的出发点，本书尝试运用非竞争型投入产出表，提出新的方法准确衡量高技术产业国际分工地位，进而分析中国高技术产业国际分工地位升级的主要动力，该项研究的意义在于：

其一，为拨开"统计假象"迷雾、提高对产品内分工条件下真实世界经济图景的理论解释力提供较好的思路。已有的研究未能完全解决"统计假象"所导致的难以对各国高技术产业国际分工地位进行准确评判的问题。本研究以非竞争型投入产出模型为基础，从单位高技术产品出口带来的国内完全增加值及其生产效率角度，构建新的测度指标来准确衡量高技术产业国际分工地位，可解决对国际分工地位的理论及实证研究与经济发展的现实需要不匹配的问题，一定程度上可丰富并深化国际分工领域的相关研究。

其二，为面临产业转型升级的发展中国家（尤其是中国）高技术产业发展提供理论指导与实践借鉴。从总体来看，发达国家仍然处在高技术发展的高端，它们的领先地位并没有随着发展中国家高技术产品的大量出口而消失，而是通过高技术产业在全球范围内的工序分工，以及跨国公司全球一体化的生产网络体系的建立，将发展中国家锁定在组装加工等低端环节中，反而强化了其在全球价值链中的领先地位。因而如何准确认识发展中国家在高技术领域的国际分工地位，并寻求其升级的可行途径，对于中国这个正成为"世界工厂"的最大发展中国家意义尤为深远——不能实现技术和产业升级，就会陷入"比较优势陷阱"之中，只能做"世界加工厂"，而与"工业强国"无缘。

第二节 研究思路与结构

首先对中国高技术产业的发展状况以及在国际分工中的基本表现作初步分析，在解决"统计假象"问题、准确衡量国际分工地位的基础上，实证测度中国高技术产业的国际分工地位及其区域差距，并借此进一步分析"统计假象"对中国高技术产业国际市场势力的扭曲效应，以验证新分析框架的适用性和可靠性；进而从国内因素的视角对中国高技术产业国际分工地位升级的动力进行理论和实证研究，探索其升级的主要动力；再基于平湖光机电产业集群对中国高技术产业国际分工地位演进作案例分析；最后总结并提出进一步研究的方向。因此全书基本按照"提出问题→文献回顾→理论与实证分析→案例分析→总结与展望"的思路展开，具体如图1.1所示。

第三节 研究方法

（1）投入产出分析法。本研究的理论及实证研究部分，主要以非竞争型投入产出模型为基础。首先，基于该方法测算样本国家"加权的增加值－生产率"，进行跨国多期比较分析，从而判定一国高技术产业的国际分工地位；其次，在中国高技术产业的国际市场势力、国际分工地位升级的实证分析中，以"加权的增加值"指数为基础解决"统计假象"问题。因而该方法是贯穿全书的一条方法主线。

（2）国际比较分析法。高技术产业国际分工地位的判定是一个相对比较的过程，因此需要以多种类型的国家为样本，如发展中国家、发达国家及新型工业化经济体，进行跨国比较分析，才能相对准确地判定一国高技术产业的国际分工地位。

（3）计量回归分析法。以OECD数据库和国研网数据库为基础，充分利用国内外数据库以较全面地占有资料，以跨国多期的面板数据进行市场势力、国际分工地位升级的实证检验。

（4）典型案例分析方法。基于平湖光机电产业集群和中国高铁技术引进的典型案例，从更为微观具体的角度，探讨中国高技术产业集群嵌入全球生产体系、国际分工地位升级的路径选择，为国内其他地区乃至其他

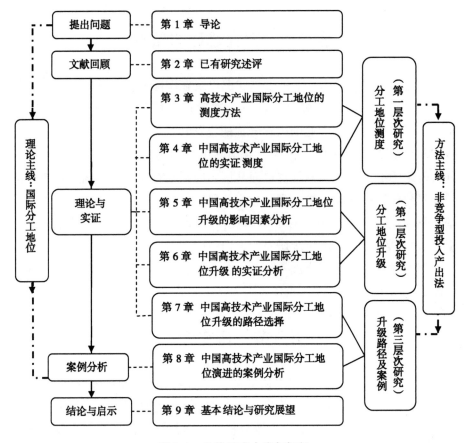

图 1.1　总体研究内容与框架

发展中国家高技术产业发展的提供经验借鉴。

（5）综合的方法。这是对分析方法的补充，即在投入产出分析、计量分析、案例分析和国际比较的基础上，进行研究结论的协同与综合，从而为中国高技术产业发展提供综合性的对策建议。

第四节　本书特点

此项研究旨在克服"统计假象"问题的基础上对中国高技术产业国际分工地位进行准确评判，并借此探索中国高技术产业转型升级的可行路径。全书所作的创新性探索主要体现在以下方面：

（1）提出了相对准确地测度一国高技术产业国际分工地位的新方法。基于非竞争型投入产出模型，通过计算单位高技术产品最终需求（出口）

的完全国内增加值系数和完全就业系数，即对国内增加值和就业的拉动效应，构建"加权的增加值－生产率"指数，用以测度中国等国家的高技术产业国际分工地位，解决了因产品内分工条件下的"统计假象"问题导致国际分工地位准确度量的困难。此项探索可为逼近并准确理解高技术领域国际分工与贸易的真实经济图景，为之提供可靠的经济理论解释奠定了基础，在一定程度上可丰富并深化国际分工领域的相关研究。

（2）通过理论和实证分析，揭示了影响发展中国家高技术产业国际分工地位提升的关键因素是其国内技术水平的进步。基于改进的国际产业转移模型，从国内增加值和出口部门的劳动生产率的比较入手，构建了产品内分工条件下分析一国高技术产业国际分工地位升级影响因素的新框架，即从国内因素的视角出发，分析一国国际分工地位受其国内研发投入、人力资本积累、资本投入，以及 FDI 等因素的影响机理，并经实证检验表明，影响发展中国家高技术产业国际分工地位升级的关键因素是国内的技术进步，人力资本和物质资本的积累也发挥了重要作用，而 FDI 则相对次要。中国则更加注重国内研发投入的市场化导向和资本利用效率的提高以及人力资本的培育。

（3）提出发展中高技术产业国际分工地位升级的可行路径选择：利用产业转移阶段高级化、技术吸收能力提升和自我技术研发积累三者的互动作用，取得本国技术水平的"蛙跳"式进步。发展中国家应着眼于对产业转移和技术引进的学习能力，提高技术吸收能力，通过整合国内的技术研发而实现再创新，借助技术进步的强劲带动作用，配合以物质资本和人力资本的积累，实现高技术产业国际分工地位的跨越式提升。中国在借助国际产业转移和投资成功嵌入全球分工与生产体系后，广阔的国内市场和战略买家形成应成为技术引进的谈判筹码，通过掌握的谈判主导权来获得核心技术，进而消化、吸收、再创新，实现高技术产业国际分工地位的"蛙跳"。

第二章

文献综述

高技术产业由于其高人类智能、高知识密集度和高效益的特征，是众多研究领域关注的重点，尤其是 20 世纪 80 年代以来，发展中国家在该领域的不俗表现更使其"引人注目"。当前有关高技术产业的研究文献达到了可汗牛充栋的地步。限于研究主题及篇幅，下文分别从三个方面对相关研究进行概述：一是对高技术产业发展的相关研究；二是对高技术产业国际分工地位及升级的理论研究；三是相关对高技术产业国际分工地位及升级的实证研究。同时，由于各部分研究的侧重点不同，因此对部分重要但难以安排在此处的相关文献在相应章节进行介绍。

第一节　高技术产业发展的相关研究

一　高技术与国际分工地位的概念界定

高技术（Advanced Technology）[①] 的概念最早由美国科学院 1971 年编写的《技术与国际贸易》一书正式提出，其含义是指在经济上能够取得重大效益的尖端技术，具有高人类智能、高知识密集度的特征，而且能够转化为一定的生产力并产生高效益（课题组，2007）。界定高技术产业、产品最主要的依据是 R&D 强度，包括由投入产出关系决定的直接 R&D 强度和体现在中间投入中的间接 R&D 强度（Davis，1983）。目前国际上对于高技术的界定和分类主要从产业和产品两个层面展开：在产品层面上，

[①]　国内与高技术相关的有多种叫法，如"高科技"、"高技术"、"高新技术"等，本书认为根据英文（Advanced Technology）原意，称之为"高技术"更妥当，这也是中国科学技术部使用的概念，参见 http://www.sts.org.cn/sjkl/gjscy/index.htm，2009 年 5 月 8 日。

美国高技术产品目录（ATP）以及由此引申出来的美国高技术产品进出口统计目录较为典型；在产业层面上，以 OECD 的六分法、四分法和五分法为代表（课题组，2007）。

　　鉴于各国 ATP 目录的差异性，[①] 为便于对不同国家高技术产业的国际分工地位进行比较分析，本书中统一采用 OECD 最新的五分法界定高技术产业，该方法是 2001 年 OECD 根据 13 个成员国 1991—1997 年的平均 R&D（间接和直接）强度，将制造业中的航空航天制造业，医药制造业，计算机及办公设备制造业，无线电话、电视及通信设备制造业，医疗、精密和光学科学仪器制造业五类产业确定为高技术产业，中华人民共和国国家统计局 2002 年 7 月印发的《高技术产业统计分类目录的通知》中对高技术的界定也借鉴了该方法。[②]《中国高技术产业统计年鉴》中提供的相应高技术产业统计数据也是这五个子行业，[③] 因此有着较高的数据可得性、准确程度以及国际可比性，后文的分析即以此界定为准。

　　国际贸易规模和出口品的行业结构是判断一国国际分工地位的经典指标（金芳，2008），然而在产品内分工条件下，一国出口的产品往往包含了大量从他国进口的中间投入品，即使这些出口品在国际市场上很有竞争力，并不代表出口国的在国际分工中有很高的地位，因为出口国只能获得全部产品附加值的一部分，甚至只是一小部分，因此难以采用传统的方法进行国际分工地位判定。实际上，不同国家参与国际贸易和国际分工的广度和深度，决定了贸易利得在参与国之间的分配，即各国在全球产业链和价值链中所处的相对地位，亦即出口产品中包含的由国内生产所带来的增加值（Domestic Value-Added，DVA）以及该国创造这些价值的生产效率，本书将之界定为"国际分工地位"。这一概念与国际竞争力之间的差异在于，后者强调一国先于竞争对手使产品得以被消费者接受的能力，而分工地位则不但强调竞争力，而且强调基于其上的获利能力和生产效率。在产

---

　　① 尽管以 R&D 强度作为界定高技术的主要依据是各国的共识，但各国具体的 ATP 目录却不尽相同。

　　② OECD 和国家统计局对高技术产业的具体划分，见附表 1 和附表 2。

　　③ 目前中国的高技术产业界定也是借鉴了五分法。出于各种政策目的，中国在不同时期颁布了不同的高技术产业及产品目录，主要有《中国高技术产业分类统计目录》、《国家高新技术产品目录》、《中国高新技术产品出口目录》、《鼓励外商投资高新技术产品目录》、《高技术产品进出口统计目录》等，见附表 4。

品内分工条件下，会出现国际竞争力和国际分工地位的"背离"，需要探索解决这一问题的方法。

二　高技术产业与经济进步

自从 Solow（1970）对技术进步在经济增长中的重要作用作出开拓性的研究以来，众多的经济学家在这一领域贡献了自己的智慧。以熊彼特为代表的经济学家认为各国生产率增长不同是由于技术机会的差异所致，技术变革中的创造性毁灭是竞争力的基础（Schumpeter，1934；Nelson 和 Winter，1982），而内生增长模型也着重强调了部门生产性知识与生产率增长之间关系的重要性（Romer，1990；Grossman 和 Helpman，1991）。一些后凯恩斯主义学者认为出口部门的专业化（技术水平提高）为其自身提供了更好的增长前景，因为高的收入弹性反映出对产品质量和技术含量有更高要求（Fagerberg，1988；Dalum et al.，1999），对出口部门的专业化和高技术产业的比较研究，也广受各种组织、政府部门及学术机构的关注（UNDP，2001；UNIDO，2002；NSF，2002；OECD，2003；IMD，2005）。

20 世纪 70 年代开始的通讯及信息技术革命性的进步及由此引起的创新高涨，导致很多国家经济贸易与增长动态及政策制定方式的极大变革，由高技术（现代通信技术和信息技术为主导）释放的强大创新能力，极大地改变了各国的经济图景（Karunaratne，1997）。由高技术的采用及传播孕育的新发明及技术溢出效应是创造性毁灭的竞争力的先兆（Schumpeter，1934），而且技术创新在培育新市场、促进经济增长方面发挥了非常重要的作用（Solow，1970），Grossman 和 Helpman（1994）认为技术进步是促进人们生活水平提升的主要因素，一国未来的成功取决于其技术创新，高技术领域的"冒险"是新经济增长的原动力。技术进步推动了生产效率的提高及国际竞争的加剧，并开始培育起新一轮的累积增长（Kaldor，1981），而高技术发明在全球范围内的扩散对传统的经济发展政策形成了挑战（Harris，1993）。Porter（1990）认为在信息化来临的时代，源自企业创新能力的专业化资产以及由发达的信息技术培育的战略组织形成的比较优势，决定了一国贸易及宏观经济在国际市场中的表现，传统的基于要素资源的比较优势已经过时了。通讯及信息技术的快速进步穿透并消解了部分规则性障碍，并创造出一个无障碍的电子世界，通过"信息高速公路"各国间的经济交往得到空前加强（karunaratne，1997），也由此预示了一种新的经济模式——知识经济时代的到来。

三 发展中国家高技术产品出口

由于跨国公司 FDI 的溢出效应和集聚效应，全球生产网络体系以及"三角贸易模式"的形成，广大发展中国家因为劳动力等要素价格低廉，吸引了众多跨国公司的直接投资，其国内经济发展和产品出口能力也因此得到快速提高，其中高技术产品出口更是飙升。但 Lall（2000）指出，发展中国家高技术产品出口的爆炸式增长是一种"统计假象"——它们仅仅是在高技术产业的劳动密集型加工环节实现了专业化。类似地，Mayer et al.（2002）也认为，发展中国家参与全球信息产业国际分工的劳动密集型加工生产阶段中的日益强化，是导致发展中国家大量出口高技术产品的主要原因，而且简单地统计出口总值增长对发展中国家参与全球贸易与竞争没有多少指导性。Srholec（2007）通过区分信息产业最终产品和零部件进出口贸易，并基于跨国数据的实证分析，发现一国的技术能力和其在信息产品的出口表现密切相关，那些倾向于大量进口电子产品零部件的国家也往往出口大量的最终产品。发展中国家大量出口高技术产品并非是因为它们在高技术领域实现了高度专业化，而是全球生产片段化的结果，即在产品内贸易兴盛的背景下，发展中国家吸引了众多的跨国公司的高技术产品组装加工环节的生产，而那些资本和技术密集型的生产环节仍然集中在其母国。由此印证了 Lall et al. 的"统计假象"论。Gaulier et al.（2007）讨论了东亚生产网络的形成过程，日本及先行工业化经济体（韩国、新加坡、中国台湾、中国香港）倾向于在东亚其他国家进行直接投资，建立出口导向的生产基地，从其母国进口技术设备及生产部件，组装加工后出口到欧美市场，形成了亚洲的"三角贸易模式"。尽管"新兴工业化经济体"由此得以相继崛起，① 但这种"三角贸易模式"下低工资国家处在全球价值链的最底端，所获得的利益非常微薄，所期待的通过 FDI 技术溢出而促进本国技术升级的愿望也不会自动实现。

---

① 较之韩国、新加坡、中国台湾、中国香港等较早实现工业化的经济体，马来西亚、泰国、印度尼西亚、菲律宾以及中国和越南等被 Gaulier et al.（2007）称为后来者（latecomer），是新兴工业化浪潮的最后一波（The Emergence of the Latest Wave of New Industrialized Economies）。

四　高技术产业国际竞争力及政府的支持战略

当前在全球范围内，一方面高技术进步日新月异，另一方面发展中国家高技术产品出口能力突飞猛进。尽管多数研究认为，发展中国家高技术产品大量出口并不能对发达国家的领先地位构成挑战，但也促使各界探寻合适的方法与指标，对不同国家的高技术产业的真实水平、国际竞争力进行跨国比较与评价，并寻求促进高技术产业发展的合适政策与支持战略。

Tyson（1992）认为一国的高技术产业的命运不是取决于和国外贸易战的胜负，而是由国内的宏观经济政策、教育政策、技术创新政策以及产业政策决定。据美国《美国科学与工程技术指标（2006）》，[①] 高技术产业国际竞争力包括四方面指标：（1）国家倾向性（National Orientation），即政府对提高本国技术能力、发展高技术产业的重视程度以及采取的政策措施；（2）社会经济基础设施（Socioeconomic Infrastructure），包括资本市场发展状况、外国直接投资、政府教育支出等；（3）技术基础设施（Technological Infrastructure），包括知识产权保护情况、产业 R&D 强度、高技术制造业能力、合格的科学家和工程师数量；（4）（高技术产品）生产能力（Productive Capacity），包括高技术产品产量、劳动生产率、技术熟练工人数量，以及创新能力等。

联合国人类发展报告（UNDP，2001）采用 TAI（Technological Achievement Index）指数衡量一国的技术能力，包括：技术创造力、新旧技术扩散和劳动者技能。联合国工业发展组织（UNIDO，2002）使用的"工业发展得分数"（Industrial Development Scoreboard，IDS）分为两组指标：竞争性产业表现（包括制造业的人均增长量、人均出口及制造业增加值中高技术产业所占比重等）和工业化能力（包括人均 FDI、企业人均研发投入等）。Archibugi 和 Coco（2004）在 TAI 和 IDS 的基础上，构造出以技术创新能力（专利数、科技类学术文章数）、技术基础设施水平（因特网、电话拥有量、电器消费品数）和劳动者技能发展程度（科学与工程

---

① 受美国国会委托，由美国国家科学基金会（NSF）组织撰写、美国国家科学委员会（NSB）出版的《科学与工程技术指标》（Science & Engineering Indicators）综合分析评价报告，为美国各方面决策层提供了有关科学与工程技术最新进展的定量与定性分析信息。该报告自 1972 年开始每两年出版一次，递交美国总统和国会。

专业注册学生数、平均受教育年限和识字率）衡量科技能力的 ArCo 指标，该指标不包含任何与币值相关的因素，因此能和国际贸易额、单位劳动力增加值及资本形成量等相匹配，而不必担心多重共线性的问题。他们以全球 162 个国家 1990—2000 年的数据就 ArCo 指标进行了跨国比较，得到的结果和 TAI 和 IDS 等指标衡量的类似：欧美、日本、澳大利亚，以及新加坡、中国台湾和中国香港等居于前 25 位，是全球技术创新和技术拥有量的领导者（Leaders）；而居 26—50 位的是东欧和苏联的社会主义国家（希腊和卢森堡例外），以及南美的发展中国家是潜在的领导者（Potential Leaders）；包括中国（第 85 位）在内的排在 51—111 位的广大发展中国家属于后来者（Latecomers）；其余更为落后的则是被边缘化的国家（Marginalized），大部分为非洲国家，也包括众多地区小国。此外他们借鉴 Lall 和 Albaladejo（2001）的做法，在 ArCo 指标中考虑了在开放经济条件下技术进口的因素，即 FDI 流入、专利使用费和资本品进口的综合影响，但结果和未包含技术进口因素时并没有很大差别，因此他认为 ArCo 指标是反映一国科学技术能力的稳健指标。

随着现代科技的日益进步，人们普遍认识到科学技术在推动经济发展中的重要作用，高技术，特别是新兴企业的高技术创新，已成为影响世界经济的重要因素（Tadmor，1997）。而且高技术产业发展水平被认为是一国实力的重要象征，各国间经济的竞争也更多地体现为将科技成果转化为现实生产力的竞赛（Wang，Wu 和 Li，1998）。Burton（1993）详细讨论了 20 世纪 80 年代之后，美国在高技术领域的领先地位如何因其政策的不当而被日本和欧洲逐步赶超，以及政府和产业界如何合作促进技术创新以提高经济竞争力。有鉴于此，众多国家先后颁布实施其高技术发展计划，如 1983 年 3 月美国提出的"星球大战"计划（Star Wars Program，又称"战略防御计划"（Strategic Defense Initiative）），1985 年 7 月欧洲推出的"尤里卡"计划（Eureca Program），日本的"今后 10 年科学技术振兴政策"，以及中国的《关于高新技术研究发展计划的报告》（"863"计划）等，这都是着眼于 21 世纪的战略计划，有力地推动了相应经济体的技术创新，也掀起了政府通过各种政策支持高技术产业发展的热潮。

第二节 高技术产业国际分工地位与升级：理论进展

国际分工与贸易的思想最早可追溯到李嘉图（David Ricardo）的比较优势理论，其后有 Young（1928）、Rosenstein（1943）、Scitovsky（1954）及 Lewis（1955）等学者对该领域的理论发展做出了贡献。一般认为，国际分工是超越国民经济的社会分工，是人类社会生产分工的国际化和全球化（张幼文、金芳，2004），也是一国参与国际贸易的前提。

尽管直接研究国际分工地位的文献少之又少，但从不同角度分析各国在国际分工与贸易中的表现、竞争力等方面的文献则数量颇丰，总体而言可大致分为三个方向：一是基于分工模式的演进，即分析不同国家在国际贸易中的竞争力，如被广泛运用的显示性比较优势（RCA）指数、GL 指数等；二是出口国产品的质量、复杂度的研究，是国际贸易领域较为前沿的方法与成果；三是分析不同国家对国际市场的相对控制能力的研究，主要是由 Bain（1951）首创的以"市场结构—市场行为—市场绩效"分析范式为基础的市场势力研究。下文依次介绍相关的研究文献，但因后文需要对市场势力的研究方法进行总结，因此此处只介绍前两个方面，将市场势力的文献介绍置后。

一 分工模式与高技术产业国际分工地位

对国际分工和贸易的研究最早可追溯到李嘉图的比较优势理论，随着全球生产力水平的进步，国际分工从产业间分工、产业内分工发展到产品内分工，对其研究的重点也随着这一发展进程而变动。早期的研究更多地关注国际分工在经济平衡增长中所扮演的角色（Sheahan，1958，1959；Findlay，1959；Montias，1961），基于比较优势的国际分工条件下自由贸易的发展和经济增长（Balassa，1965，1966；Grubel 和 Lloyd，1975），以及对产业内分工专业化与贸易模式形成、贸易利益获取之间关系的模型分析（Grubel，1967；Krugman，1980）。也有很多研究对国际分工和国际贸易的实证分析，发展出了很多指标对国际分工、贸易成效和竞争力进行跨国分析与比较。[①]

Balassa（1965）最早提出了显示性比较优势指数（Revealed Comparative Advantage，RCA）[②]：

$$RCA_{ij} = \frac{x_{ij}/x_{rj}}{X_i/X_r} = \frac{x_{ij}/X_i}{x_{ij}/X_r} \tag{2.1}$$

其中 x_{ij} 表示 i 国 j 产品出口量，x_{rj} 表示 r 区域 j 产品出口量，X_i 表示 i 国总出口量，X_r 表示 r 区域总出口量。该指标的引入克服了新古典经济理论中难以对决定一国外贸专业化程度的要素禀赋进行定量分析的缺陷，但却存在非对称性的问题。[③] Dalum et al.（1998）采用对称的显示性比较优势指数（Revealed Symmetric Comparative Advantage，RSCA）来解决非对称性问题：

$$RSCA_{ij} = \frac{RCA_{ij} - 1}{RCA_{ij} + 1} \tag{2.2}$$

显然 $RSCA_{ij} \in [-1,1]$，当 $RCA_{ij} > 1$（具有比较优势）时，则 $RSCA_{ij} < 0$，反之则反。但 RCA 和 RSCA 指数只是反映出口的单向流动（Single-flow）指标，难以综合评价一国在国际贸易中的地位。因此其他一些全面考虑进出口的指标被引入到相关研究中，其中应用最广泛的是标准化的贸易平衡指数（Normalized Trade Balance，NTB）：

$$NTB_{ij} = \frac{x_{ij} - m_{ij}}{x_{ij} + m_{ij}} = \frac{p_{ij} - 1}{p_{ij} + 1} \tag{2.3}$$

其中 m_{ij} 表示 i 国 j 产品进口量，$p_{ij} = x_{ij}/m_{ij}$ 表示出口和进口之比。以进出口之比计算的贸易平衡指数被认为能更准确反映一国的贸易不平衡程度，即贸易表现（Trade Performance），而且便于进行时间和空间两个维度的比较。同时，如果贸易贸易平衡指数为正而且数值高，则表明一国产品在国际和国内两个市场中都具有很强的竞争力，因而在总量分析时常被用作反映一国生产及贸易专业化模式的综合指标。此外如果该指标越趋近于

---

① 相关的文献综述可参阅：Learner and Stem（1970），Baldwin（1988），Feenstra（1988），Hooper and Richardson（1991），Dagenais and Muet（1992），Greenaway and Winters（1994），and Leamer and Levinsohn（1995）。

② 又称标准化的市场份额（Normalized Market Share）。

③ 非对称性即 RCA 指数在 [1, +∞] 范围表示具有比较优势，而不具有比较优势的范围只有 [0, 1]，二者不对称。

0，则表明进出口越趋于相等，即意味着产业内贸易的规模越大，因而在分类分析时该指标被用于衡量相对于产业间贸易的产业内贸易专业化强度（Balassa，1966）。实质上 ntb 指数和 Grubel 和 Lloyd（1971）提出的被广泛用于衡量产业内贸易的 GL 指数有着密切的联系：

$$GL_{ij} = 1 - \frac{|x_{ij} - m_{ij}|}{x_{ij} + m_{ij}} \tag{2.4}$$

在做总量分析时往往以各产业贸易额占总贸易额的比例对 GL 指数进行加权平均：

$$GL_i = 1 - \frac{\sum_{j=1}^{n}(x_{ij} + m_{ij}) - \sum_{j=1}^{n}|x_{ij} - m_{ij}|}{\sum_{j=1}^{n}(x_{ij} + m_{ij})} \tag{2.5}$$

实际上学者曾就如何衡量产业内贸易展开过很多争论（Greenaway et al.，1994），对 GL 指数的批评是，加权平均的 GL 指标可能低估产业内贸易的强度，因为其上限随着贸易不平衡的增大而减小，而不像原始的 GL 指标那样上限始终为 1。

与产业内贸易相关的另一个重要论题是，如何基于进出口单位价值对垂直型和水平型的产业内贸易进行区分（Greenaway et al.，1994）。学者们采用扩展的 GL 指标来解决该问题，但采用的方法不尽相同。一种扩展是考虑外贸平衡指数在一国不同产品中的分布，即一国某种产品贸易平衡指数与全球该产品的贸易平衡指数之差，亦即贸易专业化指数（Trade Specialization Index）：

$$ts_{ij} = NTB_{ij} - NTB_i \tag{2.6}$$

其中：

$$NTB_i = 1 - \frac{\sum_{j=1}^{n}x_{ij} - \sum_{j=1}^{n}x_{ij}}{\sum_{j=1}^{n}(x_{ij} + m_{ij})} \tag{2.7}$$

Lafay（1992）以贸易平衡贡献度对 ts 指数进行了加权处理：

$$cb_{ij} = (NTB_{ij} - NTB_j)\frac{x_{ij} + m_{ij}}{\sum_{j=1}^{n}(x_{ij} + m_{ij})} \tag{2.8}$$

另一种扩展是（Iapadre，2001）构建的专业化类型极化度指数（Polarization of the Specialization Patterns），该指数可衡量一国显示性比较优势和劣势的平均强度：

$$POL1_j = \sum_{j=1}^{n} |ntb_{ij}| \frac{x_{ij} + m_{ij}}{\sum_{j=1}^{n}(x_{ij} + m_{ij})} = \frac{\sum_{j=1}^{n} |x_{ij} + m_{ij}|}{\sum_{j=1}^{n}(x_{ij} + m_{ij})} \quad (2.9)$$

POL 指数是对 GL_i 的一个补充，它考虑了产业间贸易的相对重要性。如果以贸易专业化指数代替标准化的贸易平衡指数，则得到另一种形式的专业化类型极化度指标：

$$POL2_j = \sum_{j=1}^{n} |NTB_{ij} - NTB_{ij}| \frac{x_{ij} + m_{ij}}{\sum_{j=1}^{n}(x_{ij} + m_{ij})} \quad (2.10)$$

该极化指数是对初级标准化的贸易平衡指标离差的加权平均，因而可以作为衡量一国专业化强度的综合指标。

一般来讲，决定一国比较优势的因素不仅会影响其贸易流中的商品构成，而且会影响其国内经济活动的结构及其对外开放程度。因此评价一国国际专业化程度时应将其对外贸易和主要的国内经济变量（如国内生产及需求等）考虑在内（Lafay 和 Herzog，1989）。衡量专业化程度的贸易缺口指数（Trade Gap）正是基于这种考虑而提出的：

$$g_{ij} = \frac{x_{ij} + m_{ij}}{d_{ij}} = \frac{q_{ij}}{d_{ij}} - 1 \quad (2.11)$$

其中 q_{ij} 为国内产出，d_{ij} 为国内需求。由此，一国生产专业化指数（Productive Specialization Index）可定义为初级贸易缺口和全球贸易缺口之差［与（2.6）式、（2.7）式的方法类似］：

$$ps_{ij} = g_{ij} - G_i \quad (2.12)$$

其中 $G_i = \dfrac{\sum_{j=1}^{n} x_{ij} - \sum_{j=1}^{n} m_{ij}}{\sum_{j=1}^{n} d_{ij}}$ 而对贸易的贡献度指数则等于以产品的

内部需求比例加权的初级贸易缺口和全球贸易缺口之差［与（2.8）式的方法类似］：

$$cg_{ij} = (g_{ij} - G_i) \frac{d_{ij}}{\sum_{j=1}^{n} d_{ij}} \quad (2.13)$$

Iapadre（2001）在明确区分一国贸易专业化（Trade Specialization）和贸易表现（Trade Performance）两个常被混淆的概念的基础上[①]，总结以

---

① 按照 Iapadre（2006）的释义，贸易专业化（Trade Specialization）是指一国不同产品的比较优势和劣势，而贸易表现（Trade performance）则是指不同国家在相同产品贸易竞争中取得的成果。

上指标的优缺点，对（2.13）式中两国贸易缺口之差取绝对值，并在产品层面加总，得到一个考虑了由不同产品体现外贸开放程度的衡量一国比较优势和劣势平均强度的指数：

$$POI4_i = \sum_{j=1}^{n} |g_{ij} - G_i| \frac{d_{ij}}{\sum_{j=1}^{n} d_{ij}} \qquad (2.14)$$

以上指标和方法提供了在以产业间和产业内分工与贸易为主的条件下，分析一国高技术产业在国际贸易中的竞争力和国际分工地位的有力工具。

二　国际分工地位与产业转型和产品质量提升

20 世纪 50 年代以来，由于产业结构调整的需要，发达国家掀起向发展中国家转移劳动密集型产业的高潮，得益于产品内分工的快速发展，国际贸易的发展速度远高于世界经济的增长水平。随着国际贸易的不断增长，学者们越来越关注进出口过程中的产品结构和质量问题，以及由此体现的出口产品在全球范围的竞争力问题，针对这一问题进行的研究，产生了各种测度出口产品技术水平的模型和方法，但迄今为止，比较完善、综合的测度体系仍然较为缺乏（章璐，2010）。下文对主要的测度方法（出口产品质量、复杂度与技术含量）进行回顾与总结。

FDI 技术溢出与产业转型升级。进入 90 年代，在科技革命、经济全球化及贸易与投资自由化的推动下，国际产业分工由传统的产业间分工、产业内分工进一步演进深化为产品内工序分工（吕政，2006）。这些因素促使国际产业转移的速度明显加快（张燕生，2007），也拉开了发达国家的跨国公司在全球范围内构建其生产网络体系的序幕，美、日、欧的大跨国公司及其主导的 FDI 则是这一进程中的主力军。跨国公司为了有效地降低生产成本以打开发达国家被保护的市场，采取既能规避关税，又可利用低成本的要素（主要是劳动力）的跨国直接投资方式，将产品生产过程中需要大量劳动力的组装加工环节转移到发展中国家（Dunning，1981），再出口最终产品到发达国家，形成了所谓的"三角贸易模式"（Dicken，1992），这种贸易和投资的自由化进程中，伴随着信息技术的快速进步和传播，极大地改变了国际竞争的格局，主要表现在三个方面：一是全球生产网络（GPN Global Production Networks）的扩展是跨国公司的重要的组织创新（Borrus et al.,

2000）；二是全球生产网络的形成为发展中国家从国际知识扩散中获益提供了机会（Ernsta 和 Kimb，2002）；三是从长远来讲，"数字融汇（Digital Convergence）"① 为组织管理学习、知识互动交流提供了新的途径（Chandler 和 Cortada，2000），并由此强化前两个方面（Ernst，2002）。这一切极大地改变了发达国家在高技术领域的垄断局面，为发展中国家参与到高技术产业的国际分工中提供了机会。

跨国公司主导的国际产业转移和全球生产网络构建，引出了一个重要的问题：技术溢出（Spillover），即 FDI 对东道国技术的促进作用。"FDI 是打包的资本、管理技术和生产技术"（Johnson，1972），因而 FDI 理所当然地被认为是更重要的技术转移通道（Kumar，1994）。而新兴工业化经济体的经验也表明，后发国可以通过吸收、模仿外国先进技术实现本国技术进步，如日本在 20 世纪 60、70 年代通过以吸收外国技术的积累实现了赶超。跨国公司对东道国技术进步的影响，一方面可通过横向联系和纵向联系产生正的溢出效应。但另一方面，强势的跨国公司的存在阻碍了没有经验的本土市场进入者高成本学习过程的发生，而且一国在利用跨国公司推动自身技术进步时如果忽略了培育本土企业的竞争力，则可能陷入技术依赖和技术陷阱（吕政，2006）。一些研究者对跨国公司通过 FDI 向发展中国家转移技术的速度及技术的先进性也不乐观（UN，1992；Mansfield 和 Romeo，1980）。尽管有许多学者对发展中国家高技术产业进行分析之后，对其转型升级提出了一些建议，但总体来讲仍然缺乏系统而综合的研究（Cantwell 和 Iammarino，2003）。

出口产品复杂度与质量。出口产品复杂度的思想来自 Michaely（1984）的研究，他用一国产品贸易额占世界总贸易额的比例对该国人均 GDP 进行加权平均，以反映出口国产品技术复杂度。通过这个指标可分析一国出口产品和该国收入水平之间的规律性关系。该方法被 Hausmann 和 Hwang（2005）所借鉴，构建了以下测度产品层面出口复杂度的方法：

---

① "数字融汇"（Digital Convergence），指计算机业、通信业和影视传、消费电子等行业将会聚融合，出现行业交叉和重组，计算机、通信工具中电视机可以实现结合（即所谓的"三机合一"或"三电一体"），公用电话网、电视传输网和计算机数据网逐步融合（即所谓的"三网合一"）。

$$COMP_i = \frac{x_{i1} / \sum x_{k1}}{\sum (x_{im} / \sum x_{km})} Y_1 + \frac{x_{i2} / \sum x_{k2}}{\sum (x_{im} / \sum x_{km})} Y_2 + \cdots +$$

$$\frac{x_{in} / \sum x_{kn}}{\sum (x_{im} / \sum x_{km})} Y_n = \sum_{c=1}^{n} \frac{x_{ic} / \sum x_{kc}}{\sum (x_{im} / \sum x_{km})} Y_c \qquad (2.15)$$

其中 $COMP_i$ 为商品复杂度，x 为出口额，c 表示国家，m 表示商品种类数，Y_c 是国家 c 的人均 GDP。Yn 前的式子为权重，其分子是商品 i 在一国总出口中的份额，分母是世界总口中 i 国家所占份额。在得到产品层面的复杂度后，可将其加总到产业层面（黄先海、陈晓华和刘慧，2010），方法如下：

$$COMPI_n = \frac{x_{1n}}{\sum x_{in}} COMP_1 + \frac{x_{2n}}{\sum x_{in}} COMP_2 + \cdots \frac{x_{mn}}{\sum x_{in}} COMP_m$$

$$= \sum_{i=1}^{m} \frac{x_{in}}{\sum x_{in}} COMP_i \qquad (2.16)$$

其中 $COMPI_n$ 是国家 n 某一产业所出口商品的平均复杂度，这里的权重是商品 i 在国家 n 该产业的出口商品总额中的份额。

姚洋、张晔（2008）在 Hausmann 和 Hwang（2005）产品复杂度计算的基础上，提出了基于复杂度的测定出口产品国内技术含量（Domestic Technological Contents，DTC）的方法：

$$\nu_j = \sum_i \beta_{ij} COMP_i + (1 - \sum_i \beta_{ij}) COMP_i \qquad (2.17)$$

其中 β_{ij} 为投入产出表中的直接消耗系数，并定义产品的国内技术含量为：

$$\nu_j^D = \sum_I \beta_{ij} (1 - \chi_i) COMP_i + (1 - \sum_i \beta_{ij}) \chi_i COMP_i \qquad (2.18)$$

其中 β_{ij} 表示第 i 种投入品的进口占使用量的比例，由此得到国内技术含量指数：

$$DTC_j = \nu_j^D / \nu_j \qquad (2.19)$$

Linder（1961）最早解释商品质量的差异对国际贸易流向的影响，他认为富国将很大一部分的收入用在购买高质量的产品上，而且由于富国的生产者最接近高质量产品的消费者，这使得它们具备了生产高质量产品的比较优势，因此他推论：两国间人均收入水平越接近，重叠需求部分越大，贸易量也越大，即 Linder 假说。Hallak（2006）将难以直接测度的产品质量与一国人均收入和进口方总需求相联系，用以分析产品质量对贸易流向的影响，其研究发现出口方的人均收入和产品质量存在正相关关系。在此基础上，Hallak 和 Schott（2008）提出了测度出口产品质量的新指标，即利用一国的进出口价格、贸易收支、关税等数据，通过下式的两阶段最小二乘法估计出口产品的质量指数（章璐，2010）：

$$T_{st}^k/Y_t^k = Y'_{st} + \gamma_s \ln \hat{P}_{st}^{ko} - \zeta_{0s}^{ko} - \zeta_{1s}^{ko}t + b_s\tau_{st}^k + v_{st}^{ko}$$

$$\ln\lambda_{st}^k = \alpha_{0s}^{ko} + \alpha_{1s}^{ko}t + \varepsilon_{st}^{ko}$$

$$(2.20)$$

其中 k 表示国家，s 和 t 代表部门和年份，T_{st}^k 代表 s 部门的开支比例，Y_t^k 为 k 国的国民收入，$\ln\hat{P}_{st}^{ko}$ 为非纯价格指数，v 为随机误差项。通过对（2.20）式的两阶段最小二乘估计，得到 k 国相对于基准国 o 的质量指数：

$$\ln\hat{\lambda}_{st}^{ko} = -\left(\frac{\hat{\zeta}_{0s}^{ko} + \hat{\zeta}_{1s}^{ko}t}{\hat{\gamma}_s}\right)$$

$$(2.21)$$

第三节 高技术产业国际分工地位与升级：实证研究

由于采用不同方法对各国国际贸易竞争力和国际分工地位进行实证分析的文献非常繁多，因此下文仅介绍采用前文提到的理论与方法研究高技术及中国出口品国际竞争力和国际分工地位的文献。

一 高技术产业国际竞争力的实证研究

表 2.1 汇总了高技术产业国际竞争力相关的实证研究，可以看出其结论差异较大，较早期的研究，如 Mani（2000）认为高技术产品国际贸易总不存在"统计假象"问题，但 Srholec（2007）等研究则发现传统方法确高估了发展中国家高技术产品出口能力，这可能是因为所采用研究方法和研究对象的差异所致。

表 2.1　　　　　　　　　　相关的实证研究汇总

文献	数据	研究对象	方法	主要结论
Mani（2000）	1988—1998 按技术密集度划分的产业	主要的发展中国家和发达国家高技术产品出口	RCA 指数；专利数；高技术竞争力指标	在高技术产品国际贸易中，没有明显的证据支持"统计假象"假说

文献	数据	研究对象	方法	主要结论
王恬 (2006)	1990—2003 电子类产品 （SITC 3 76 类）	中国与日本、 美国、韩国电 子产品贸易	产业内贸易 规模 GL 指数； TSC 系数	中国与三国之间电子类产品的产业 内贸易是以跨国公司为主导，是加 工贸易带动的垂直型产业内贸易， 中国在该类产品上并不具有竞争 优势
Lall（2000）	1985—1998 按技术密集度 划分的产业	发展中国家和 发达国家的 出口	出口品的技术 结构分类	技术密集度越高出口额增长越快， 发展中国家工业品出口主要集中在 东亚
Hummels et al. （2001）	1970—1990 投入产出表	OECD 国家的 出口	垂直专业化 （VS）指数	样本范围的国家参与产品内分工的 程度在加深，VS 指数在上升
Mayer et al. （2002）	1980—1998 按要素密集度 划分的产业	发展中国家的 工业品出口	出口活力综合 指数	发展中国家工业品出口的快速增长 是利用劳动力低成本优势参与产品 内分工
Lall et al. （2004）	1990—2000 电子产业和汽 车产业	东亚（9）和 拉美（3）的 12 个发展中 国家电子和 汽车	区分出口中的 零部件和产 成品	电子和汽车生产的"片段化"为发 展中国家提供了嵌入全球生产网络 的机会，集中的表现是东亚和拉美 国家，但很难衡量"片段化"
Srholec （2007）	2003 111 个国家年 电子产业	111 个国家年 电子产业	区分最终产品 贸易和中间投 入品贸易； 回归分析	传统方法确高估了发展中国家高技 术产品出口能力
唐海燕、 张会清 （2009）	1998—2006	40 个发展中 国家贸易数据	EIS 指数 回归分析	发展中国家的分工、人力资本、服 务质量以及基础设施等对价值链提 升具有提升作用

资料来源：根据相关文献整理。

二　中国高技术产品出口的实证研究

对于中国这个已然成为"世界工厂"的最大发展中国家，在外贸领域的突出表现吸引了众多关注的目光，与其他发展中国家一样，作为一个拥有众多低技术水平劳动力的发展中国家，中国也在"逆"比较优势地生产并出口大量资本和技术密集的发达国家才出口的高技术产品（Amiti 和 Freund，2008；Schott，2006；Rodrik，2006）。Branstetter 和 Lardy（2006）认为，中国大量出口高技术产品同样是现代国际生产及分工碎片化（Production Fragmentation）和加工贸易（Processing Trade）兴盛的表现，中国的高技术水平被传统的对外贸易统计数据夸大了。Ferrantino et al.（2006）的分析显示，自1996年以来，约有92%的中国高技术产品对美国出口是通过与外国直接投资（FDI）密切相关的加工贸易产生的，2002年中国正式加入WTO后，伴随着加工贸易绝对数值的急剧上升，这一数字升到了95.5%，而以一般贸易方式进行的高技术产品对美国出口绝对值和所占份额呈波动下降趋势。Gaulier et al.（2007）考察发现，2002年外资企业进出口占了中国高技术产品外贸的半壁江山，而内资企业在该领域的地位逐渐丧失，所占比例由1997年的高于40%降到2002年的25%—30%。尽管中国出口产品的高技术含量应归因于大量高技术产品的进口，但同时也出口大量的高技术零部件产品，表明中国不只是高技术产品的最后组装加工基地，而是已然部分地进入国际增值链的中阶层次。但Ferrantino et al.（2006）指出，中国从美国进口的高技术产品大都是技术含量高、价值及附加值高的大件产品，而向美国出口的大部分是处于价值链低端的低附加值、低技术含量的小件产品或组件，表明中美高技术产品贸易仍然存在巨大的技术"鸿沟"。

Hallak和Schott（2009）提出了测度出口产品质量的新指标，他们利用一国的进出口价格、贸易收支、关税等可得数据建立出口质量指数，并对世界主要出口国1989—2003年的出口产品质量进行了测算，发现发达国家和发展中国家的出口产品质量差距随着时间的推移正在逐步缩小。而中国相对于发达国家经济体来说，出口产品质量仍然处在一个较低的水平，例如在整个世界各国产品质量排名中，中国在制造业和机械等方面排名是相对较低的（章璐，2010）。与此相似，Amiti和Freund（2008）对中国近年来惊人的出口增长速度进行了深入分析，发现由于加工贸易的盛行，中国进口的中间品技术含量较高，导致出口产品的技术含量相应地被高估，但事实上中国在这一进口和出口的过程中真正获得的附加值和技术升级极为有限，而这一点常常被人们所忽视。同时，中国出口中高增长的部分往往局限于现有的产品品种，而新产品的出口较少。这在一定程度上导致中国产品的出口价格在近年来呈现出持续下降的趋势，表明中国出口的快速增长实际上主要集中在原有产品量的扩展上，而新产品的种类和数量较少，亦即"贸易深度"增加而"贸易广度"进步不明显（章璐，2010）。

Rodrik（2006）利用HS六位数分类下的5023种商品的数据，对1999年、2000年、2001年均报告了贸易数据的国家进行了出口复杂度分析，发现中印两国的出口复杂度指数超出了其人均GDP应有的水平，且中国的情况更突出——1992年中国出口商品对应收入水平是当年实际人均收入水平的六倍。他认为中国产业成功的原因是政府支持、产业结构、国内资源和国内市场等因素，而未来中国经济能否实现可持续增长将取决于出口产品的"质"而非"量"（章璐，2010）。Xu（2007）对 Rodrik（2006）的研究结果表示怀疑，并借鉴 Schott（2006）的研究结果，认为将中国作为一个整体测算人均 GDP 并不合理，而且由于中国出口产品的价格在同类产品中表现出明显的下降趋势，意味着即使中国出口的技术密集型产品有所增长，也主要是同类产品中的低端产品部分，因此不能据此推断中国出口复杂度相对于人均 GDP 出现过高的情况（章璐，2010）。他认为中国出口产品的地区分布主要集中在九个省市，因此他以这九个地区的加权人均 GDP 对 Rodrik 的原模型进行了修正，经过两次调整，中国的特殊性分别减少了 30%—80% 和 10%—30%。由此他们认为中国出口的实际发展水平和出口品复杂度是相适应的，与其他国家的情况无异。Schott（2006）认为中国出口迅速增长的一种表现在于中国出口的产品已经逐渐渗入各种新的领域，某些精密产品的出口开始与 OECD 等发达国家的出口产品产生重合，但中国出口产品的价格相对其他 OECD 国家来说处在一个比较低的水平，表明发展中国家的发展并不一定对发达国家构成实质性威胁，二者在技术和产品分工上的差距仍然很大。

Koopman et al.（2008）针对产品出口技术含量背后可能存在的加工贸易因素进行了分析，建立了测度一国出口中本国和外国的附加值成分的方法。他们认为，如果一国加工贸易比例很高，而加工贸易需要很大比例的进口中间品投入，这些中间品体现了进口的技术含量，因而国内的技术含量就体现在对进口中间品和国内投入品的加工生产环节，其比重可能相对较低（章璐，2010）。他们的实证研究发现，国外的技术含量占中国出口的比重接近于 50%，而那些典型的技术密集型产业部门，如电脑、电子仪器、通讯设备等国内技术含量较低。相反，复杂度较低、劳动力密集型的低端产业部门，中国本土的含量则较高（章璐，2010）。Xu 和 Lu（2007）认为，无疑中国出口结构正在由集中于低端产品向高技术含量的产品过渡、产品技术含量逐步上升，然而探究引起这种上升的原因才是更为重要的问题。他们采用与 Wang 和 Wei（2008）相似的方法，计算了出口产品的单位价值，用以对同类产品目录下各种产品的不同出口复杂度进行分析，并研究其与人力资本、外商独资公司和加工贸易的关系。其结果表明，外商投资公司和加工贸易与中国出口复杂度并没有显著相关性，这和 Wang 和 Wei（2008）的研究一致。但中国产业层面上的出口复杂度水平和外商独资企业有密切的相关性，也就是说外商独资企业很可能带来了先进的技术，推动了中国出口产品的升级（章璐，2010）。

第四节　简要评述

以上部分对高技术及其产品界定与分类、跨国公司与高技术产品国际贸易，以及高技术产业国际分工地位及其升级的理论与实证研究文献作了介绍与梳理。从总体来看，发达国家仍然处在高技术发展的高端，它们的领先地位并没有随着发展中国家高技术产品的大量出口而消失，而是通过高技术产业在全球范围内的产品内工序分工，以及跨国公司全球一体化的生产网络体系的建立，将发展中国家锁定在组装加工等低端环节中，发达国家在高技术产业全球价值链和分工中的高端地位反而得到了强化。但这种"两极分化"的状况却因为传统的国际贸易统计数据而呈现出相反的表现：发展中国家利用发达国家制造业向外转移的机会大力发展加工贸易，大量进口中间投入品组装加工后再出口，这种出口的爆炸式增长似乎表明发展中国家在高技术领域取得了长足进步，但这不过是一种"统计假象"。因此如何准确认识发展中国家在高技术领域的国际分工地位与竞争力，并寻求其技术及产业升级的可行途径，是非常具有现实意义的问题。通过以上概述可发现，相关的理论及实证研究进展却与现实的需要并不十分匹配，主要表现在：

其一，各种指数和方法均难以准确衡量产品内分工条件下国际分工地位。基于产业间或产业内贸易的指标难以胜任准确衡量产品内分工条件下国际分工地位及竞争力的任务；VS指数和国内增加值分析法通过剔除出口中的进口投入以解决"统计假象"问题，是最为可取且可行的方法，但一维指标不够全面且不利于进行国际比较；各种反映技术能力的指标尽管涉猎广泛、指数繁多，却不能有效解决"统计假象"问题，而且由于采用了很多人均指标，会低估一些人口众多的国家（如中国、印度等）的技术能力。

其二，缺乏对高技术产业国际分工地位升级及其路径选择的研究。由于没有解决产品内分工条件下国际分工地位的准确测度问题，导致对高技术产业国际分工地位升级的研究更为鲜见。然而如何实现产业的转型升级，是发展中国家高技术产业成功嵌入全球产业链和价值链后亟待解决的现实问题，已有的研究难以为此提供充分的理论与实践指导，对中国而言这一情况则更为突出：从世界"加工厂"到"世界工厂"的跃升，更需要高技术的发展与升级为整体经济发展提供良好的"引擎"作用。

其三，缺乏针对中国高技术产业区域差异表现的系统探讨和典型案例分析。中国高技术产品对外贸易自 2004 年开始出现顺差以来，到 2007 年出口额已位居世界第二，尽管有太多的文献分析这一现象的成因，但仍缺乏宏观层面的系统探讨，更缺乏基于宏观背景下微观层面的典型案例分析，因此有待结合宏微观的数据与资料进行分析，从理论和实践双重层面把握中国高技术产业的国际分工地位和升级趋势，进而探索促进中国高技术产业发展的可行路径与策略。

第三章

高技术产业国际分工地位：测度方法

由于产品内分工条件下参与国将进口中间投入品价值计入其出口，导致直接以出口额计算的衡量高技术产业国际分工地位的指标都失去了准确性，即"统计假象"问题导致的偏误，需要探索新的方法加以矫正。本章在对"统计假象"和国际分工地位的相关研究做比较、总结的基础上，基于非竞争型投入产出法，提出解决"统计假象"问题、相对准确地测度国际分工地位的新方法。

第一节　分析基础

20 世纪 80 年代以来，越来越多的产品生产过程的不同工序或区段通过空间分散化展开成跨区域或跨国性的生产链条或体系，不同的国家参与特定产品生产过程的不同环节或区段的生产或供应活动，形成了所谓的"产品内分工"（Intra-product Specialization）（卢峰，2004）。这种分工模式一方面充分利用各国要素禀赋优势，最大限度地降低生产成本、提高生产效率，极大地促进了经济全球化和一体化的进程；另一方面使广大发展中国家能以低廉而丰富的劳动力等要素参与其中，快速提高其产品生产和出口能力，以中国的"加工贸易"最为典型。然而随着全球生产的"碎片化"（Fragmentation）的推进，众多跨国公司将组装加工阶段的生产向发展中国家转移，而把资本和技术密集型的生产集中在其母国。在此条件下，产品内分工会导致出口统计中将进口中间投入品价值也计入其出口总额，不但导致本国出口额的虚高，而且全球贸易总额也被高估，即前文指出的"统计假象"问题。

以中国为例，出口中"来料加工"的比例从 1992 年的 14% 上升到 2003 年的 21.8%，出口中的国外价值含量高达 50% 左右，甚至一些高技术部门的出口中包含的国外价值达 80%（Ping，2005；Dean et al.，2007；Koopman，Wang 和 Wei，2008），表明中国的出口规模尤其是高技术行业的实际出口规模被夸大了。再以产品内分工发展最为快速的电子产品为例，2005年美国苹果公司的 30GB 第 5 代 iPod 零售价是 299 美元，苹果公司获得其中的 80 美元，分销商获得 75 美元，产品制造商获得 144 美元，其中仅有 3.86美元（占 3%）由组装厂商获得。类似地，售价 1479 美元和 1399 美元的联想 Thinkpad T43 和惠普 nc6230 两种笔记本电脑，组装厂商所能获得的价值仅为 21.86 美元（占 2.5%）和 23.76 美元（占 2.8%）（Dedrick，Kraemer和 Linden，2009）。而这些组装工厂大都被安排在劳动力丰裕且低廉的发展中国家以充分降低生产成本。

不难发现，如果直接采用出口数据计算诸如国际贸易规模和出口品的行业结构等，都会因为难以避免"统计假象"而难以准确衡量一国的国际分工地位。Hummels、Ishii 和 Yi（2001）提出了垂直专业化（Vertical speciali-zation，VS）指数，该指数直接的含义是单位出口品中所包含的进口中间投入品的价值，Lau et al.（2007）提出了基于非竞争型投入产出法的国内完全增加值率和完全就业系数的计算方法，二者有异曲同工之妙：国内完全增加值率 = 1 - 垂直专业化指数，二者分别从不同的侧面反映了一国对产品内分工的参与度。Koopman、Wang 和 Wei（2008）在综合这两种方法的基础上，发展出的测度加工贸易盛行条件下出口产品国内增加值和进口价值的一般方程。这些研究都为解决"统计假象"带来的偏误问题、准确衡量国际分工地位奠定了基础。

第二节　基于非竞争型投入产出法的测度方法

产品内分工所带来的分工细化导致了国与国之间的比较优势更多地体现为全球价值链上某一特定环节的优势，而非传统的最终产品优势。在产品内分工条件下，处于全球产业链高端的国家主要投入高级要素（技术、知识、营销和资本等），因而其生产效率高，能获得高收益；而后发国家主要依赖于资源、非技术劳动力等要素投入，其劳动生产率和收益也相对较低。可见，通过外贸获利能力（对国内经济的拉动作用）和生产效率的比较，可以较准确地判断不同国家在高技术领域的国际分工地位。具体的技术路线是，通过改进的区分高技术产业和传统产业的非竞争性投入产出模型，计算一国单位高技术产品最终需求（出口）的完全国内增加值系数和完全就业系数，即对国内增加值和就业的拉动效应。完全国内增加值系数等于1减去垂直专业化率（Lau et al.，2007），反映的是一国出口的获利能力，以及对国内经济的拉动作用；而完全就业系数可以看作是单位出口产品需要多少国内劳动者参与生产，本质上反映了一国出口部门的劳动生产率；由于出口中高附加值和高生产效率的产品的比例越大，则计算的国内完全增加值率和劳动生产率就越高，从而这两个指标在一定程度上还反映了出口贸易结构的优化程度。因此，采用非竞争性投入产出法计算高技术单位出口品对国内增加值和就业的拉动效应，并就不同时期的结果进行跨国比较，可全面地反映各国高技术产业在国际分工中的地位及其变动状况。

在具体的研究中，需要对一国产业的国际分工地位作跨国比较分析，同时需要对与中国类似的区域差距明显的不同区域在国际分工中的表现进行比较分析，为进一步分析国际分工地位升级奠定基础。因此下文在非竞争型投入产出法的统一分析框架下，分别探索国际分工地位跨国比较和区域差异比较的分析方法。

一　跨国比较方法

在 Lau et al.（2007）的非竞争型投入产出法的基础上，将一般的投入产出表中属于高技术产业的部分分离出来，使之成为一个独立的产业群体，得到改进的区分高技术产业和传统产业的非竞争型投入产出表（见表3.1）。

表 3.1　　　　　　　　　　高技术产业非竞争型投入产出

产出 投入		中间使用			最终使用					国内总产出和进口
		传统产业国内生产 (1, …, n)	高技术产业国内生产 (1, …, n)	中间使用合计	消费	资本形成总额	出口	其他	最终使用合计	
投入部分	国内产品中间投入	传统产业中间投入 (1, …, n)	X^{TT}	X^{TH}		U^{TC}	U^{TI}	U^{TE}		U^{T}	X^{T}
		高技术产业中间投入 (1, …, n)	X^{HT}	X^{HH}		U^{HC}	U^{HI}	U^{HE}		U^{H}	X^{H}
		进口品中间投入 (1, …, n)	X^{MT}	X^{MH}		U^{MC}	U^{MI}			U^{M}	X^{M}
	中间投入合计										
	增加值		V^{T}	V^{H}							
	总投入		$(X^{T})'$	$(X^{H})'$							

续表

投入＼产出	中间使用			最终使用					国内总产出和进口
	传统产业国内生产(1,…,n)	高技术产业国内生产(1,…,n)	中间使用合计	消费	资本形成总额	出口	其他	最终使用合计	
占用部分　资金	K^T	K^H							
劳动力	L^T	L^H							
自然资源									

说明：右上标 T、H 和 M 表示传统产业、高技术产业和进口，X^{TT} 表示 T 对 T 的中间投入矩阵，U^{TC}、U^{TI}、U^{TE} 表示 T 的国内产出作为消费、资本形成总额及出口的列向量，X^T 表示 T 的总产出列向量，V^T 表示 T 增加值行向量，L^T 表示在 T 就业的劳动力行向量，其余类推。

　　根据以上区分进口和国内投入的反映高技术产业状况的非竞争型投入产出的表 3.1，可计算高技术产品单位出口的完全国内增加值系数和完全就业系数。由表 3.1 水平方向可以得到传统产业、高技术产业如下供求关系：

$$X^{TT} + X^{TH} + U^T = X^T$$
$$X^{HT} + X^{HH} + U^H = X^H \qquad (3.1)$$
$$X^{MT} + X^{MH} + U^M = X^M$$

由垂直方向可得：

$$uX^{TH} + uX^{HT} + uX^{MT} + V^T = (X^T)'$$
$$uX^{TH} + uX^{HH} + uX^{MH} + V^H = (X^H)' \qquad (3.2)$$

其中，u 表示所有元素为 1 的行向量。并设：

$$A^{TT} = [A_{ij}^{TT}] = [X_{ij}^{TT}/X_j^T], A^{TH} = [A_{ij}^{TH}] = [X_{ij}^{TH}/X_j^H]$$
$$A^{HT} = [A_{ij}^{HT}] = [X_{ij}^{HT}/X_j^T], A^{HH} = [A_{ij}^{HH}] = [X_{ij}^{HH}/X_j^H] \qquad (3.3)$$

其中 A^{TT}、A^{TH}、A^{HT} 和 A^{HH} 分别为传统产业和高技术产业之间以及它们内部的直接消耗系数矩阵分别为传统产业和高技术产业之间以及它们内部的直接消耗系数矩阵，$i,j \in [1,n]$，将（3.3）代入（3.1）式中则有：

$$A^{TT}X^T + A^{TH}X^H + U^T = X^T$$
$$A^{HT}X^T + A^{HH}X^H + U^H = X^H \qquad (3.4)$$

写成分块矩阵形式：

$$\begin{bmatrix} I - A^{TT} & - A^{TH} \\ - A^{HT} & I - A^{HH} \end{bmatrix} \begin{bmatrix} X^T \\ X^H \end{bmatrix} = \begin{bmatrix} U^T \\ U^H \end{bmatrix} \tag{3.5}$$

由此可得：

$$\begin{bmatrix} X^T \\ X^H \end{bmatrix} = \begin{bmatrix} I - A^{TT} & - A^{TH} \\ - A^{HT} & I - A^{HH} \end{bmatrix}^{-1} \begin{bmatrix} U^T \\ U^H \end{bmatrix} \tag{3.6}$$

进一步简写成：

$\tilde{X} = (I - \tilde{A})^{-1} \tilde{U} = \tilde{B} \tilde{U}$，为扩展的投入产出模型，其中：$\tilde{X} = \begin{bmatrix} X^T \\ X^H \end{bmatrix}$，

$\tilde{U} = \begin{bmatrix} U^T \\ U^H \end{bmatrix}$，$(I - \tilde{A})^{-1} = \tilde{B} = \begin{bmatrix} I - A^{TT} & - A^{TH} \\ - A^{HT} & I - A^{HH} \end{bmatrix}^{-1}$ 为扩展的列昂惕夫逆，

即扩展的完全需要系数矩阵。

将分块矩阵记为：

$$\begin{bmatrix} I - A^{TT} & - A^{TH} \\ - A^{HT} & I - A^{HH} \end{bmatrix}^{-1} = \begin{bmatrix} B^{TT} & B^{TH} \\ B^{HT} & B^{HH} \end{bmatrix} \tag{3.7}$$

其中 B^{TT} 和 B^{TH} 代表 T 和 H 的单位最终需求对 T 的完全需要系数矩阵，B^{HT} 和 B^{HH} 代表 T 和 H 的单位最终需求对 H 的完全需要系数矩阵，可将（3.7）简写成为 $\tilde{X} = (I - \tilde{A})^{-1} \tilde{U} = \tilde{B} \tilde{U}$，即为扩展的投入产出模型，由矩阵运算法则可得：

$$\begin{aligned} B^{TT} &= (I - A^{TT}) - 1 [I + A^{TH} \Omega^{-1} A^{HT} (I - A^{TT})^{-1}] \\ B^{TH} &= (I - A^{TT}) - 1 A^{TH} \Omega^{-1} \\ B^{HT} &= \Omega^{-1} A^{HT} (I - A^{TT}) - 1 \\ B^{HH} &= \Omega^{-1} = [(I - A^{HH}) - A^{HT} (I - A^{TT})^{-1} A^{TH}]^{-1} \end{aligned} \tag{3.8}$$

再令 $\tilde{B}_V = (B_V^T \quad B_V^H)$，$B_V^T$ 和 B_V^H 为 T 和 H 的完全国内增加值系数行向量；$\tilde{A}_V = (A_V^T \quad A_V^H)$，$A_V^T = [A_j^T] = [V_j^T / X_j^T]$，$A_V^H = [A_j^H] = [V_j^H / X_j^H]$，分别为 T 和 H 的直接增加值系数行向量。则根据投入产出理论有：

$$\tilde{B}_V = \tilde{A}_V (I - \tilde{A})^{-1} = \tilde{A}_V \tilde{B} \tag{3.9}$$

即：

$$(B_V^T \quad B_V^H) = (A_V^T \quad A_V^H) \begin{bmatrix} B^{TT} & B^{TH} \\ B^{HT} & B^{HH} \end{bmatrix} \tag{3.9'}$$

由矩阵的乘法可得：

$$B_V^T = A_V^T B^{TT} + A_V^H B^{HT}, \; B_V^T = A_V^T B^{TT} + A_V^H B^{HT} \tag{3.10}$$

同理，可求得对就业的完全需要系数的计算公式：

$$B_L^T = A_L^T B^{TT} + A_L^H B^{HT}, \; B_L^H = A_L^T B^{TH} + A_L^H B^{HH} \tag{3.11}$$

其中，$A_L^T = [a_{Lj}^T] = [L_j^T / X_j^T]$，$A_L^H = [a_{Lj}^H] = [L_j^H / X_j^H]$ 分别表示 T 和 H 的直接就业系数行向量。

根据（3.10）中第二式，即可分别计算高技术品的单位最终需求（出口）对高技术产业和传统产业的完全国内增加值系数，即对国内经济的拉动效应。但此处的最终需求没有明确区分国内消费和出口对国内经济拉动效应的差异性，即国内完全增加值系数不能明确地反映出口对国内经济的拉动效应，因此借鉴 Haruna et al.（2009）的方法赋予该系数以改进的显示性比较优势（RCA）指数的权重，以明确体现出口因素对国内经济的拉动效应。具体的方法是，以高技术产业和总体产业平均的完全增加值系数分别乘以高技术产品出口额和总出口额，剔除出口中的进口含量①后计算 $k(k \in [1,m])$ 国高技术产业的显示性比较优势指数：

$$RCA_{ik}^H = \frac{b_{vik}^H e_{ik}^H / \sum_{k=1}^m b_{vik}^H e_{ik}^H}{\sum_{i=1}^n (b_{vik}^T e_{ik}^T + b_{vik}^H e_{ik}^H) / \sum_{k=1}^m \sum_{i=1}^n (b_{vik}^T e_{ik}^T + b_{vik}^H e_{ik}^H)} \tag{3.12}$$

其中 e_{ik}^H 和 e_{ik}^T 分别表示 $k(k \in [1,m])$②国传统产品和 $i(i \in [1,n])$ 高技术产品 i 的出口额，$b_{vik}^T \in B_V^T$，$b_{vik}^H \in B_V^H$，分别代表 k 国单位传统产品和高技术产品最终需求的国内完全增加值系数。以改进的 RCA_{ik}^H 指数对完全增加值系数进行加权，得到"加权的增加值"指数：

$$WV_{ik}^H = RCA_{ik}^H b_{vik}^H \tag{3.13}$$

由（3.11）中第二式可计算高技术产品的单位出口对其传统产业部门和高技术产业部门就业的完全需要系数，从另一方面讲即为传统产业部门和高技术产业部门的劳动生产率。国内增加值系数越大，表明高技术产品出口获得的贸易利益越大，对国内经济增长的拉动效应越明显；而就业的完全需要系数越小，则表明生产一单位的出口高技术产品使用的劳动力越少，即劳动生产率越高。由于两个系数从相反的方向反映高技术产业国

---

① 如果不剔除出口中的进口含量，所计算的结果仍然会存在"统计假象"问题。

② m 为国家样本数。

际分工地位，因此考虑用 1 减去就业的完全需要系数（即为劳动生产率指数），再和"加权的增加值"相加。此外，考虑到处在国际高技术产业链高端的国家，其高技术产品生产过程可能需要更多的高技术投入，相反，处于低端的国家可能更多地依赖于传统产业的投入，因而两类国家的高技术产品最终需求对其国内不同部门的经济增长和就业具有不同的拉动效应，处于高端的国家高技术产品最终需求对其高技术部门的拉动效应更大，而低端国家相反。一国高技术产品最终需求对高技术部门的拉动效应（完全增加值系数和完全就业系数）占其总体拉动效应的比例，在一定程度上代表了一国出口产品所带来的增加值的行业构成，和传统方法中的出口产品行业结构的作用相似，因而也反映了一国高技术产业的实力。因此计算 k 国完全增加值系数和完全就业系数中高技术部门所占的比例 p_{Vk}^H 和 p_{Lk}^H：

$$p_{Vk}^H = \sum_{i=1}^n C_{Vi} \bigg/ \sum_{i=1}^n b_{Vik}^H$$

$$p_{Lk}^H = \sum_{i=1}^n C_{Li} \bigg/ \sum_{i=1}^n b_{Lik}^H \qquad (3.14)$$

其中 $C_{Vi} \in A_V^H B^{HH}$，$C_{Li} \in A_L^H B^{HH}$，$b_{Lik}^H \in B_L^H$。借鉴 Archibugi 和 Coco（2004）构建 ArCo 指数时的平均权重法，对各项分指标取相同的权重，将 p_{Vk}^H 和 p_{Lk}^H 的平均值与"加权的增加值"以及"生产率"指数相加，得到新的指数 WVP_k^H：

$$WVP_k^H = WV_k^H + 1 - b_{Lk}^H + (p_{Vk}^H + P_{Lk}^H)/2 \qquad (3.15)$$

为便于对各国的 WVP 指数与总体均值进行比较，考虑对其减去总体均值以标准化该指数（$NWVP_i^H$）：

$$NWVP_k^H = WVP_k^H - \sum_{k=1}^m WVP_k^H / m \qquad (3.16)$$

二　区域比较方法

前文提出了利用非竞争型投入产出表，计算单位出口品国内完全增加值和劳动生产率以衡量一国高技术产业的国际分工地位，而对国际分工地位在一国之内各区域间差异的比较分析，需要省区的非竞争型投入产出表。尽管中国各省区基本都编制了投入产出表，但其中间投入并未区分进口部分和国内部分，不能直接用于相关的指标计算。借鉴平新乔（2005）的方法，编制中国省区的非竞争型投入产出表。其方法首先需要两个假定：

（1）国民经济所有部门使用 i 部门的中间投入品中，进口投入品所占比例相同。

（2）如果对于某行业的产品，可以分解为中间产品和最终产品，中间产品中进口与国内生产的比例等于最终产品中进口与国内生产的比例。

表 3 - 2　　　　　　　　　　省区投入产出表

产出／投入		中间使用		最终使用			进口	调入	总产出
		中间使用 (1, …, n)	中间使用合计	其他最终使用	出口	最终使用合计			
投入部分	中间投入 (1, …, n)	X	X^I	U^O	U^E	U^T	M	RM	X^T
	中间投入合计								
	增加值	V							
	总投入	$(X^T)'$							
占用部分	劳动力	L							
	资金	K							
	自然资源								

说明：右上标"′"表示矩阵的转置。

典型的省区投入产出表如表 3 - 2 所示，设 i 部门的最终产品中进口和国内生产的数量分别为 F_i^M 和 F_i^D，j 部门所使用的 i 部门的中间投入中进口和国内生产的数量分别为 I_{ij}^M 和 I_{ij}^D，则假定（1）可表示为对 $j \in [1, \cdots, n]$ 有：

$$\frac{I_{ij}^M}{I_{ij}^D + I_{ij}^M} = \frac{I_i^M}{I_i^D + I_i^M} \tag{3.17}$$

假设（2）可表示：

$$\frac{F_i^M}{F_i^D} = \frac{I_i^M}{I_i^D} \tag{3.18}$$

并由此可推出：

$$\frac{I_i^M}{I_i^D + I_i^M} = \frac{F_i^M + I_i^M}{F_i^M + F_i^D + I_i^M + I_i^D} \tag{3.19}$$

但省区的投入产出表中对外部资源的投入和使用，除了进口之外还有从省外调入，此时有两种处理方法：一是将调入也看作进口，合在一起作为上式的分子，计算进口中间投入比例；二是分子中不包括调入，只以进口计算。

方法一：

$$\frac{I_i^M}{I_i^D + I_i^M} = \frac{M_i^I + RM_i^I}{X_i^I + U_i^T} = \frac{M_i^I + RM_i^I}{M_i^I + RM_i^I + X_i^T}$$

$$I_{ij}^M = \frac{M_i^I + RM_i^I}{X_i^I + U_i^T} X_{ij} \qquad (3.20)$$

$$I_{ij}^D = \left(1 - \frac{M_i^I + RM_i^I}{X_i^I + U_i^T}\right) X_{ij}$$

方法二：

$$\frac{I_i^M}{I_i^D + I_i^M} = \frac{M_i^I}{X_i^I + U_i^I} = \frac{M_i^I}{M_i^I + X_i^T}$$

$$I_{ij}^M = \frac{M_i^I}{X_i^I + U_i^I} X_{ij} \qquad (3.21)$$

$$I_{ij}^D = \left(1 - \frac{M_i^I}{X_i^I + U_i^I}\right) X_{ij}$$

由国内完全增加值率和就业系数的计算过程可知，两种方法结果的差异是：进口和调入合并计算后，所得出的增加值率和就业系数表示的是单位最终需求（出口）对该省区内的经济增长和就业的作用，而仅以进口计算，则既包括对省内经济和就业的作用，也包括通过调入对省外的溢出效应。

在得到省区的非竞争型投入产出表后，即可采用（3.1）式至（3.11）式的方法，计算相应的完全国内增加值系数和完全就业系数。但由于省区间的比较无法计算改进的显示性比较优势指数，从而无法对国内完全增加值进行加权，因此后文的分析以国内完全增加值率除国内完全就业系数（b_{Vi}^H/b_{Li}^H）得到反映满足最终需求（出口）的产品生产过程中单位劳动力所能创造的国内完全增加值的指标（Domestic Value-Added Per Capita DVAPC），[①] 用以综合衡量各省市在国际分工中的相对地位。

---

① 该指标和国际比较所用的指标在本质上具有一致性，即 b_{Vi}^H 正向反映国际分工地位，而 b_{Li}^H 负向反映国际分工地位。

第四章

中国高技术产业国际分工
地位：实证测度[①]

上文提出了解决"统计假象"问题、相对准确地测度高技术产业国际分工地位的新方法，这有待基于实际数据作具体分析。下文首先对中国高技术产业发展现状及其国际分工地位作初步分析，然后运用新的方法分别对中国高技术产业国际分工地位进行跨国比较分析和区域差异分析，再以解决"统计假象"问题后的市场势力估计作进一步验证。

第一节　中国高技术产业概况

一　发展概况

从新中国成立之初到改革开放之前的大约 30 年里，是中国高技术产业的奠基阶段，在这一时期中国的高技术的前沿领域取得了许多重大突破，如原子弹、人工合成结晶牛胰岛素、氢弹、人造卫星等均是举世瞩目的成就，但基本只限于高技术的研发和储备，产业化方面几无进展。改革开放后到 20 世纪 90 年代初期，是中国高技术产业的开拓阶段，国家先后提出了《高技术研究开发计划纲要》（1986 年，即"863"计划）、高技术发展"火炬"计划（1988 年）、《国家中长期科学技术发展纲要》（1992 年）等一系列鼓励政策与措施，极大地促进了高技术产业化发展（王亚平，1999）。90 年代初至今，是中国高技术产业的快速发展期，尽

---

① 本部分的另一个版本发表于《世界经济》2010 年第 5 期，英文版转载于 *China Economist* [J]. 2011, 6（6）：112—126。因香港、澳门和台湾地区的数据可得性限制，全文的"中国"如未作特别说明，仅包含中国大陆地区。

管经历了 1997 年的亚洲金融危机，但高技术产业的发展势头却不容阻挡，尤其是加入 WTO 之后增长加速，平均年增长速度在 25% 左右，图 4.1 表明从 1995 年至 2008 年，[①] 在企业数量和劳动力投入量只增长了大约 2.5 倍的情况下，中国高技术产业的产值却增长了近 14 倍，表明企业规模和劳动者的生产效率都得到了大幅度的提高。图 4.2 进一步表明，中国高技术产业中以电子及通信设备制造业、电子计算机及办公设备制造业为主，其他行业所占比例较低。

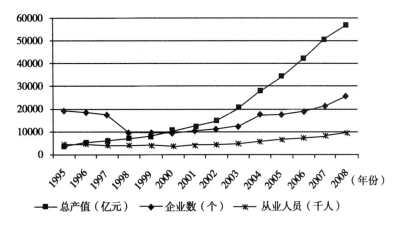

图 4.1　中国高技术产业生产状况

资料来源：《中国高技术产业统计年鉴》1995—2009 年各期。

　　从进出口方面来看，中国高技术产业在 2004 年才开始改变入超的局面，但很快就出现了大量外贸盈余，至 2008 年约有 947 亿美元的外贸顺差，而且绝大部分的外贸顺差主要产生在电子计算机及办公设备制造业中（见图 4.3）。

　　从国际横向比较来看，20 世纪 90 年代以来，中国的高技术产品出口快速增长（见图 4.4），占世界市场的比例由 1985 年的 3% 提高到 2005 年的 19%，至 2007 年中国高技术制造业的规模和产品出口总额均已居世界第 2 位，是构成"中国奇迹"的重要组成部分。

---

　　① 由于中国从 1995 年才有正式公开的高技术产业统计数据，因此本书的数据基本都从 1995 年开始。

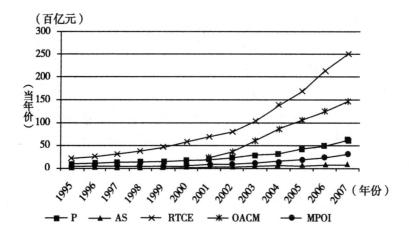

图4.2 中国高技术产业产值的行业构成

资料来源：同图4.1。

说明：其中的 P、AS、RTCE、OACM 和 MPOI 分别代表医药制造业、航空航天器制造业、电子及通信设备制造业、电子计算机及办公设备制造业，以及医疗设备及仪器仪表制造业。

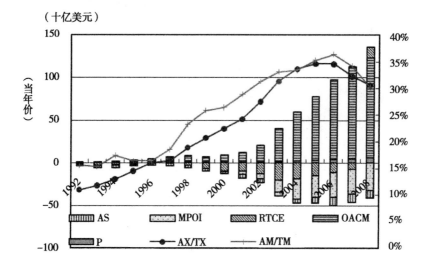

图4.3 中国高技术产业各子行业的外贸表现

资料来源：OECD, STAN Bilateral Trade Database (BTD), 2010 edition。

说明：字母含义同图4.2，AX/TX 表示总进口中高技术产品的比例，AM/TM 为出口的该比例。

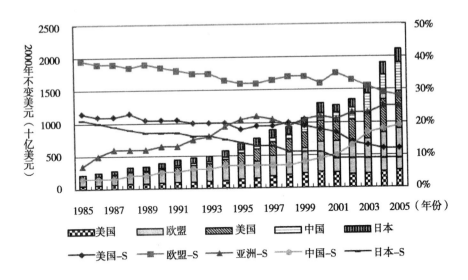

图 4.4　部分国家和地区的高技术产品出口额及世界市场份额

资料来源：《美国科学与工程指标 2008》（Science and Engineering Indicators 2008）。

说明："－S"表示在世界市场的份额，亚洲只包括印度、印度尼西亚、马来西亚、菲律宾、新加坡、韩国、中国台湾和泰国，中国只包括大陆和香港特别行政区。

二　国际分工地位初步分析

由于高技术产业具有高研发投入的特征，因而一国总体的研发投入状况在一定程度上可反映出其高技术产业在国际分工中的表现。表 4.1 的数据显示，尽管中国的研发投入规模已接近德国的水平，科学家和工程师以及每年获得的专利数量也都居于前列，但研发投入的强度和劳动力中科学家与工程师的比例与发达国家则有较大差距。

表 4.1　　　　　部分国家 R&D 投入的国际比较

国家	R&D 经费（亿美元）	R&D 经费增长速度（%）	R&D 经费/GDP（%）	R&D 科学家和工程师（万人年）	R&D 科学家和工程师/万劳动力（人年）	高技术产业R&D 经费/总产值（%）	专利授权数[d]（件年）
中国（2008）	664.70	11.72	1.47	159.24	20.55	1.29[c]	93706
美国（2007）	3687.99	3	2.68	142.56[b]	94[b]	16.41[b]	157772
日本（2007）	1507.91	3.5	3.39[b]	71	107	10.64[b]	176950

续表

国家	R&D 经费 （亿美元）	R&D 经费 增长速度 （%）	R&D 经费/ GDP （%）	R&D 科学 家和工程师 （万人年）	R&D 科学 家和工程 师/万劳 动力 （人年）	高技术产业 R&D 经费/ 总产值 （%）	专利授权 数[d] （件年）
德国 （2007）	842.28	2.6	2.53	28.6	68	8.34[b]	17308
英国 （2007）	502.83	5.3	1.79	18.35[b]	57	11.04[b]	—
法国 （2006）	538.83	1.31	2.08[c]	21.11	77	7.78[b]	10811
加拿大 （2008）	272.45	2.6	1.89[c]	13.43[a]	77[a]	—	18703
意大利 （2006）	211.17	6	1.14	8.84	36	3.27[b]	7318
俄罗斯 （2007）	145.06	13.2	1.12	46.91	62	—	28808
韩国 （2007）	336.84	13.8[b]	3.47	22.19	92	5.98[b]	83523
印度 （2007）	94		0.80				18230
巴西 （2008）	163	—	1.13	—	—	—	—
OECD （2007）	—	3.8	2.29	389.11[a]	69.9[a]	—	59819

资料来源：专利数据来自《世界知识产权组织工业产权统计（2009）》，其余来自中国科技统计网。

说明：与首列给定的年份不一致时，以上标 a、b、c、d 分别表示 2005 年、2006 年、2007 年、2008 年。"—"表示数据缺失。

　　进一步采用对称的显示性比较优势（RSCA）指数和 *GL* 指数来衡量高技术产品对外贸易的竞争力。表 4.2 的数据显示，以对称的显示性比较优势指数来衡量，进入 21 世纪以来，中国香港、爱尔兰、新加坡、菲律宾、马来西亚等的 RSCA 指数居于领先地位，与之相比美国、日本等发达国家则相对居后，中国则居于中间位置，与韩国的水平接近。由 RSCA 指数的计算方法可知，该指数只能反映出口的状况，而非贸易的全貌。因此计算能反映贸易平衡状况的 GL 指数（见表 4.3），结果表明中国的高技术产业的 GL 指数值与美国、德国、英国、法国以及中国香港、墨西哥等国家和地区相近，均居于 46 个国家和地区的前列，与 RSCA 指数衡量的结果有一定差异。

表 4.2　　　　　部分国家地区高技术产业对称的显示性比较优势指数

年份	中国	中国香港	马来西亚	菲律宾	新加坡	瑞士	英国	爱尔兰	日本	韩国	美国
1995	-0.174	0.130	0.411	—	0.467	0.150	0.106	0.287	0.205	0.163	0.167
1996	-0.125	0.123	0.412	0.433	0.471	0.169	0.124	0.314	0.188	0.077	0.183
1997	-0.141	0.114	0.404	0.465	0.453	0.149	0.104	0.325	0.162	0.129	0.182
1998	-0.098	0.116	0.404	0.492	0.438	0.147	0.129	0.346	0.128	0.100	0.186
1999	-0.082	0.111	0.408	0.498	0.42	0.162	0.113	0.312	0.107	0.164	0.180
2000	-0.070	0.128	0.389	0.466	0.400	0.122	0.114	0.296	0.104	0.177	0.153
2001	-0.017	0.171	0.388	0.469	0.396	0.184	0.153	0.375	0.081	0.125	0.157
2002	0.053	0.208	0.388	0.484	0.398	0.191	0.134	0.382	0.058	0.171	0.142
2003	0.131	0.248	0.369	0.485	0.377	0.222	0.096	0.356	0.068	0.196	0.144
2004	0.167	0.280	0.343	0.455	0.378	0.235	0.070	0.364	0.059	0.199	0.134
2005	0.185	0.314	0.328	0.446	0.361	0.263	0.108	0.352	0.025	0.183	0.128
2006	0.187	0.328	0.325	0.428	0.365	0.272	0.182	0.327	-0.003	0.159	0.129
2007	0.196	0.361	0.331	0.16	0.311	0.311	0.042	0.345	0.000	0.204	0.146
2008	0.197	0.392	0.154	0.178	0.329	0.345	0.053	0.390	-0.012	0.170	0.133
均值	0.029	0.216	0.361	0.420	0.397	0.209	0.109	0.341	0.084	0.158	0.155

资料来源：根据 OECD, STAN Bilateral Trade Database（BTD），2010 edition 计算。

说明：此处只列出中国及平均值排名前十位的国家和地区，其余请见附表6。

以 RSCA 指数和 GL 指数衡量一国高技术产业的国际竞争力或者说国际分工地位其结果的准确程度值得怀疑，毕竟爱尔兰、新加坡甚至菲律宾、马来西亚，以及斯洛文尼亚、墨西哥等国，距高技术产业强国甚至大国的地位还比较遥远，尤其是在技术实力方面，很难相信这些国家具备了与德国、日本、美国等高技术产业高度发达的国家抗衡的能力。以中国为例，图 4.5 和图 4.6 表明，中国高技术产品的出口主要由合资企业和外资企业完成，而且贸易方式也以加工贸易为主。这意味着现实中的情形极有可能是在全球产品内分工的条件下，发展中国家承接了大量的高技术产品的加工与装配环节，通过大量进口高集成度的中间产品，组装加工后再出口，从而形成了"大进大出"的特征，也使计算的相应指数较高，显然这并不是它们的高技术产业实际竞争力强的表现，而不过是一种"统计假象"。对此问题需要以前文探索出的新方法加以解决，进而对高技术产业国际分工地位进行相对准确的测度。

表 4.3　　　　　　　　　　　部分国家地区高技术产业 GL 指数

年份	中国	中国香港	斯洛文尼亚	马来西亚	比利时	德国	丹麦	法国	英国	墨西哥	荷兰
1995	0.998	0.923	0.909	0.994	0.994	0.984	0.951	0.972	0.948	0.999	0.953
1996	0.965	0.921	0.935	0.970	0.997	0.990	0.955	0.977	0.967	0.983	0.989
1997	0.936	0.914	0.961	0.974	0.983	0.99	0.943	0.973	0.944	0.994	0.986
1998	0.969	0.940	0.887	0.955	0.990	0.977	0.954	0.988	0.951	0.993	0.995
1999	0.969	0.96	0.837	0.966	0.997	0.951	0.949	0.990	0.960	0.971	0.976
2000	0.968	0.943	0.892	0.982	0.985	0.937	0.966	0.970	0.983	0.992	0.941
2001	0.956	0.948	0.976	0.975	0.981	0.948	0.943	0.987	0.984	0.977	0.966
2002	0.985	0.974	0.977	0.984	0.985	0.980	0.932	0.992	0.971	0.976	0.915
2003	0.997	0.979	0.965	0.990	0.971	0.926	0.960	0.967	0.985	0.980	0.895
2004	0.969	0.98	0.988	0.970	0.948	0.946	0.975	0.926	0.990	0.986	0.877
2005	0.939	0.992	0.981	0.971	0.956	0.97	0.983	0.995	0.994	0.966	0.875
2006	0.924	0.98	0.966	0.998	0.975	0.981	0.971	0.935	0.994	0.975	0.895
2007	0.909	0.971	0.973	0.985	0.944	0.983	0.988	0.889	0.961	0.960	0.891
2008	0.879	0.985	0.971	0.984	0.940	0.972	0.967	0.903	0.994	0.982	0.897
均值	0.955	0.958	0.944	0.978	0.975	0.967	0.960	0.962	0.973	0.981	0.932

资料来源：同表 4.2。

说明：只列出中国及均值前十位国家和地区，其余请见附表 7。

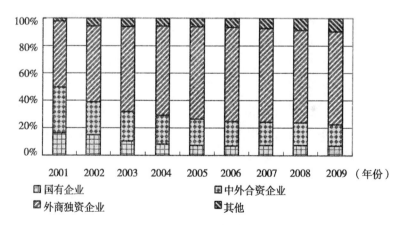

图 4.5　按企业类型分布的中国高技术产品出口

资料来源：中国科技统计网。

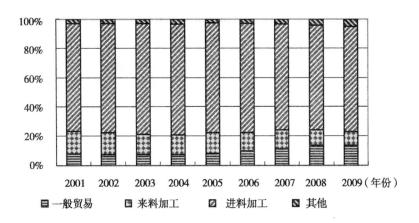

图4.6　按贸易方式分布的中国高技术产品出口

资料来源：同图4.5。

第二节　跨国比较分析

一　数据来源及处理

基于非竞争型投入产出法计算相关指数，需要编制各国区分高技术和传统产业的非竞争型投入产出表，而且需要各国高技术产品出口的数据。经济合作与发展组织（简称经合组织）的"投入产出数据库"2009年版（OECD Input-Output Database 2009）提供了区分进口和国内投入的包括29个经合组织国家和11个非经合组织国家和地区的1995年、2000年和2005年的非竞争型投入产出表，本书选取其中数据较全的33个国家和地区。[①] 因所有的投入产出表都基于国际标准产业分类法（ISIC Rev. 3）划分为48个产业，因此借鉴袁建文（2005）的方法，统一按经合组织的五分法将其中的高技术产业独立出来，根据生产的技术密集度和投入要素的层次，把工业按经合组织的产业技术分级的方法细分为低技术、中低技术、中高技术、高技术和其他工业五部分[②]，而把

---

　　① 经合组织数据库提供的是其估算的表，具体的估算及编制方法参见经合组织数据库的说明书：http://www.oecd.org/dataoecd/46/54/37585924.pdf。具体国家或地区在后文表中列出。

　　② 经合组织对不同技术层级产业的具体划分方法参见附录。

服务业中的研发部门、商业部门也作为独立的产业，这样总体构成区分高技术和传统产业、体现产业链特点的九部门非竞争型投入产出表。[①] 在此基础上根据（3.10）式计算单位高技术产品最终需求的国内直接增加值系数和完全增加值系数（b_{Vi}^H），并根据（3.14）式计算高技术部门所占的比例（p_{Vi}^H），结果见表4.4。

由表4.4可知，从1995年到2005年的10年间，大部分国家的单位高技术产品最终需求（出口）所能带来的国内完全增加值都呈波动下降趋势，1995—2005年数据完整的国家和地区中有2/3出现了下降，整体平均值从1995年的0.628降到了2000年的0.547，到2005年则略微上升到0.57，[②] 10年间平均下降了8.7%，表明全球高技术产业产品内分工的发展与深化。其中葡萄牙降幅最大约为56.6%，中国以33.2%的降幅居第3位，而主要的工业化国家基本上只有轻微的下降，如英、法、美、德、意、日等。Lau等（2007）计算的2002年中国单位总出口商品的国内完全增加系数约为0.466，美国约为0.885，和此处高技术产业的结果（2000年中国0.633、美国0.814，2005年中国0.536、美国0.791）对比可发现，美国总体出口产品的技术含量和附加值与高技术之间没有很大的差距，而中国不但二者差距很大，而且和美国相比差距明显。而Koopman、Wang和Wei（2008）计算的中国1997年和2002年单位制造业出口品的国内增加值率分别为0.47和0.51，表现出上升的趋势，和此处计算的结果相反，这可能是因为研究的产业不同所致：相对于整体制造业持续的高额顺差，中国的高技术产品对外贸易在2004年左右才扭转了一直以来的入超局面，意味着高技术产业比其他产业更晚参与国际产品内分工，从而使两者国内完全增加值率呈相反的变动趋势。

---

① 进行产业归并是因为经合组织数据库提供的非竞争型投入产出表中，有很多国家的数据出现整行或整列为0的情况，使得求解列昂剔夫逆的运算不能进行，故不得不将数据按产业进行合并以便于计算。九个部门其余两个为：农业部门和其他服务业部门。

② 2005年的数据因为部分国家数据缺失而和其他年份不完全可比。而2005年的小幅上升也部分是因为在1995—2000年降幅很大的几个国家（如韩国、土耳其、捷克等）2005年的数据缺失。

表 4.4　　单位高技术产品最终需求（出口）的国内完全增加值

国家/地区	b_{Vi}^H			p_{Vi}^H		
	1995	2000	2005	1995	2000	2005
澳大利亚	0.64	0.666	0.76	45.5	54.2	49.9
奥地利	0.652	0.594	0.634	68.2	67.3	68.9
比利时	0.552	0.465	0.564	73.5	57.4	58.9
巴西	0.756	0.751	0.654	56.8	56.2	46.2
加拿大	0.673	0.533	—	54.0	69.0	—
中国	0.802	0.663	0.536	40.2	43.4	39.4
中国台湾	0.513	0.476	—	56.7	57.8	—
捷克	0.492	0.312	0.245	53.9	56.3	54.6
丹麦	0.686	0.659	0.68	70.4	70.8	72.7
爱沙尼亚	0.155	0.083	0.117	66.2	75.7	70.2
芬兰	0.52	0.618	0.588	62.8	64.3	61.6
法国	0.71	0.693	0.718	53.9	48.1	51.1
德国	0.75	0.705	0.686	57.0	57.3	61.5
希腊	0.625	0.635	0.747	57.2	57.0	69.0
匈牙利	0.21	0.163	0.207	95.0	76.2	76.1
印度	0.712	0.719	—	42.4	44.9	—
印度尼西亚	0.553	0.665	0.664	46.7	45.3	55.4
爱尔兰	0.361	0.288	—	73.7	83.9	—
意大利	0.666	0.642	0.707	54.9	54.1	56
日本	0.897	0.799	0.807	50.4	43.7	39.7
韩国	0.705	0.524	—	45.1	43	—
卢森堡	0.614	0.594	0.531	73.1	75.4	68.0
荷兰	0.569	0.509	0.478	69.6	62.9	46.2
挪威	0.627	0.628	—	56.0	58.6	—
波兰	0.713	0.605	0.49	56.3	52.5	52.3
葡萄牙	0.851	0.433	0.369	31.5	56.0	47.7
斯洛伐克	0.542	0.403	—	59.1	65.0	—
斯洛文尼亚	—	0.52	0.525	—	63.8	66.2
西班牙	0.65	0.543	0.548	51.8	54.1	49.0
瑞典	0.599	0.53	0.64	51.5	34.9	66.8
土耳其	0.791	0.526	—	76	45.4	—

续表

国家/地区	b_{Vi}^H			p_{Vi}^H		
	1995	2000	2005	1995	2000	2005
英国	0.657	0.596	0.625	56.3	54.1	57
美国	0.85	0.814	0.791	59.4	53.2	49.9

资料来源：基于 OECD Input-Output Database（2009）计算。

说明：表中未列直接增加值系数；"—"表示原数据缺失，下同；经合组织数据库提供的投入产出表和表中的三个年份不完全匹配，因此表中部分数据以最接近年份代替，具体为：中国台湾、爱沙尼亚、印度、爱尔兰、土耳其 1995 年的实际分别为 1996 年、1997 年、1993/94 年、1998 年、1996 年，澳大利亚、中国台湾、匈牙利、印度、土耳其 2000 年的实际分别为 1998/99 年、2001 年、1998 年、1998/99 年、2002 年，澳大利亚、奥地利、比利时、英国 2005 年的实际为 2004/05 年、2004 年、2004 年、2003 年。

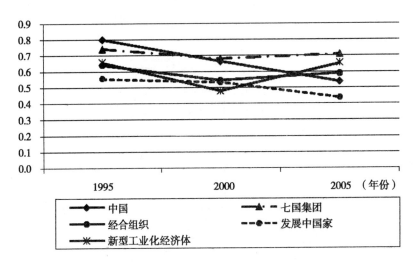

图 4.7 中国高技术产业国内完全增加值率与各类平均值比较

资料来源：笔者基于表 4.4 绘制。

说明：除中国外其余均为平均值。

通过图 4.7 中国高技术产品国内完全增加值与各类平均值比较发现，尽管中国在 1995 年的 b_{Vi}^H 值高于所有平均水平，但经过 10 年左右的直线下降，到 2005 年则低于所有的平均值，甚至比主要依靠"出口导向"发展起来的部分新兴工业化经济体的平均值还低，[①] 反映出中国高技术产业还处于国际产品内分工的低端地位。

---

① 这里的新兴工业化经济体主要包括韩国、中国台湾和巴西。

以上分析表明，工业化国家，尤其是美、日、德、法等发达国家处于高技术全球产业链和价值链的高端，它们主要从事高技术产品的研发、设计、营销及高集成度的零部件生产，这些环节不大需要从其他国家进口中间投入品，而后发国家，如中国、印度尼西亚、爱沙尼亚、捷克、斯洛文尼亚等，则主要依赖从发达国家进口高集成度的零部件，按照其研发设计要求进行组装加工以出口，尽管总的出口额及所占的世界市场份额很高，但实质上获得的贸易利益和对国内经济的拉动作用非常有限。国内完全增加值系数中高技术部门所占的比例（p_{Vi}^H）的变化也反映出类似的问题，发达国家的高技术生产更多地带动了高技术部门的发展，亦即需要相对多的高技术部门的自我投入，而后发国家则主要依靠传统产业或部门的投入，从而其出口的获利能力和对其国内经济的拉动效应相对低下也就在所难免。

基于经合组织的"结构分析数据库"（OECD STAN Database for Structural Analysis 2008）提供的 26 个经合组织国家各产业劳动力投入数据，以及国研网"工业统计数据库"和《中国统计年鉴》（2007）提供的中国各产业劳动力投入数据，将之全部转换为和前文投入产出表对应的九部门数据。同时利用经济合作与发展组织的"年度国际贸易汇率统计数据"（Annual Exchange Rates for ITS data）提供的各国货币对美元的汇率和国研网"世经数据"的人民币对美元汇率[①]，将各国总产出折算为美元，根据（3.11）式结合前文九部门非竞争型投入产出表计算各国每单位（统一按美元计价）高技术产品最终需求（出口）的直接就业系数和完全就业系数，并根据（3.14）式计算其中高技术部门所占的比例，结果见表 4 – 5。

表 4.5 的数据表明，1995—2005 年大部分国家的高技术产品最终需求（出口）带动的就业在下降，意味着单位高技术产出消耗的劳动量在减少，即劳动者的生产效率在提高。这其中变化最大的是卢森堡，下降了 77.9%（从 0.122 降到 0.027），而中国大约下降了 56% （从 0.103 降到 0.045），居降幅的第三位，表明中国高技术领域的劳动生产率得到了相对快速的提高[②]，但和美国、日本、德国、加拿大等发达国家相比差距很大，和韩国、

---

① 因 $A_L^T = [a_{Lj}^T] = [L_j^T / X_j^T]$，所以需要将 X_j^T 通过汇率转换为等值产出，以便于跨国比较。经合组织数据库按出口价和进口价将汇率分为出口汇率和进口汇率，本书使用了二者的平均值。

② 与此相印证的是，中国科学技术部的统计数据表明，中国高技术产业的劳动生产率从 1995 年的 2.4 万元（RMB）/人年提高到了 2005 年的 12.3 万元（RMB）/人年。

捷克等相比也有较大差距，中国 2005 年的生产率基本上相当于二者 1995 年的水平。与此处的结果相类似，Lau 等（2007）计算的 2002 年中国单位出口品的国内完全就业系数约为 0.242，美国约为 0.009，和高技术产业的结果（2000 年中国 0.082、美国 0.012，2005 年中国 0.045、美国 0.01）对比可发现，美国整体产业的完全就业系数仅略低于高技术产业，而中国不但二者差距很大，而且数值均远低于美国，表明中美之间在生产率方面无论是高技术产业还是总体产业都有较大差距。此外 p_{Li}^{H} 的变化也表明，尽管自 1995 年以来中国高技术产业的发展带动的本部门就业的比例在上升，但直至 2005 年这一比例仅略高于 50%，和发达国家的差距仍很明显。图 4.8 是中国和其他国家以 $1 - b_{Li}^{H}$ 表示的高技术产业劳动生产率平均值的比较，可以看出尽管中国高技术产业劳动生产率的快速进步缩小了与各种平均值的差距，但仍只与其他国家 10 年前的水平相当。

表 4.5　　　单位高技术产品最终需求（出口）的完全就业系数

国别	b_{Li}^{H}			p_{Li}^{H}		
	1995	2000	2005	1995	2000	2005
澳大利亚	0.01	0.011	0.01	11.7	26.0	44.8
奥地利	0.009	0.01	0.008	62.5	61.9	67.6
比利时	0.014	0.013	0.01	85.2	71.6	71.9
加拿大	0.02	0.007	—	64.6	53.5	—
中国	0.103	0.082	0.045	25.4	39.8	52.6
捷克	0.052	0.04	0.016	54.2	69.9	70.8
丹麦	0.012	0.011	0.016	72.6	66.5	85.8
芬兰	0.011	0.009	0.006	70.5	47.7	46.5
法国	0.01	0.01	0.007	44.7	38.0	38.6
德国	0.029	0.025	0.026	82.7	74.4	81.5
希腊	0.031	0.022	0.013	69.6	63.0	70.5
匈牙利	0.017	0.022	0.01	79.9	86.0	82.4
爱尔兰	0.004	0.004	—	64.3	76.1	—
意大利	0.012	0.012	0.009	54.7	48.2	52.3
日本	0.01	0.012	0.015	54.9	50.4	64.1
韩国	0.044	0.027	—	69.7	61.3	—
卢森堡	0.122	0.082	0.027	98.4	97.3	93.7

续表

国别	b_{Li}^{H}			p_{Li}^{H}		
	1995	2000	2005	1995	2000	2005
荷兰	0.012	0.013	0.009	74.5	66.7	62.4
挪威	0.045	0.04	—	90.4	88.8	—
波兰	0.085	0.043	0.018	60.5	49.6	47.9
葡萄牙	0.031	0.03	0.02	72.5	73.4	75.4
斯洛伐克	0.235	0.061	—	84.7	74.9	—
西班牙	0.013	0.012	0.006	46.8	41.6	13.2
瑞典	0.017	0.015	0.026	70.8	54.9	89.9
美国	0.012	0.012	0.01	56.9	53.6	55.9

资料来源：笔者基于 OECD Input-Output Database（2009）和 OECD STAN Database for Structural Analysis，以及国研网"工业统计数据库"相关数据计算。

说明：表中未列直接就业系数；因经合组织数据库未提供非成员国以及英国的劳动力数据，故该表只包括部分经合组织成员国及中国的结果。

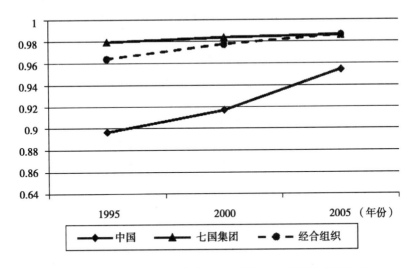

图 4.8　中国高技术产业劳动生产率指数与各类平均值的比较

资料来源：笔者根据表 4.5 绘制。

二　分工地位的跨国比较

使用经合组织"双边贸易数据库"（OECD STAN Bilateral Trade Data-

base BTD)① 提供的各国分产业（基于 ISIC Rev. 3）的出口数据，根据
（3.10）式和（3.11）式计算各国高技术出口品的"加权的增加值 – 生产
率"指数（WVP_i^H）及其标准化值（$NWVP_i^H$），并按大小排序，结果见
表4.6。可以看出，1995 年到 2005 年大部分国家加权的高技术产业"加
权的增加值 – 生产率"指数（WVP_i^H）有不同程度的提高，表明高技术
产业在国际范围内得到了发展，与此相印证，经合组织数据库中出口额在
前 50 位的国家高技术产品出口额占总出口额中比例的平均值从 1988 年的
11.2%上升到 2006 年的 17.1%，大量的实证研究也表明高技术产品是国
际贸易中发展最快的部分（Srholec, 2007）。中国的高技术产业 WVP_i^H 指
数快速提高，平均的增速仅次于希腊居第二位，以 WVP_i^H 指数衡量在 25
个国家和地区中的排名也由 1995 年的第 16 位上升到 2005 年的第
10 位。②

表 4.6   各国高技术产品的"加权的增加值 – 生产率"指标

国别	WVP_i^H			$NWVP_i^H$			排序		
	1995 年	2000 年	2005 年	1995 年	2000 年	2005 年	1995 年	2000 年	2005 年
澳大利亚	1.461	1.558	1.674	− 0.559	− 0.380	− 0.323	23	25	18
奥地利	1.914	1.951	2.019	− 0.106	0.013	0.022	14	11	12
比利时	1.985	1.822	2.065	− 0.035	− 0.116	0.068	11	16	9
加拿大	1.865	1.828	—	− 0.155	− 0.110	—	15	15	—
中国	1.835	1.869	2.042	− 0.185	− 0.069	0.045	16	13	10
捷克	1.561	1.655	1.682	− 0.459	− 0.283	− 0.315	22	22	17
丹麦	2.155	2.167	2.374	0.135	0.229	0.377	7	6	3
芬兰	1.940	2.176	2.130	− 0.080	0.238	0.133	13	5	7
法国	2.097	2.084	2.159	0.077	0.146	0.162	9	9	6
德国	2.195	2.182	2.271	0.175	0.244	0.274	5	4	5
希腊	1.699	1.773	2.087	− 0.321	− 0.165	0.090	20	18	8
匈牙利	1.983	1.850	1.889	− 0.037	− 0.088	− 0.108	12	14	14

① www.oecd.org/sti/btd.

② 尽管这一排名由于部分国家数据缺失而在不同的年份中不完全可比，但从 3 个年份 WVP_i^H
绝对值的变化看，中国处于上升趋势，而且数据缺失的国家中只有韩国和爱尔兰的值一直高于中
国，因此总体的排名状况仍然具有较好的参考价值。

续表

国别	WVP_i^H			$NWVP_i^H$			排序		
	1995 年	2000 年	2005 年	1995 年	2000 年	2005 年	1995 年	2000 年	2005 年
爱尔兰	2.091	2.083	—	0.071	0.145	—	10	10	—
意大利	1.822	1.772	1.857	-0.198	-0.166	-0.140	17	19	15
日本	2.993	2.549	2.621	0.973	0.611	0.624	1	3	2
韩国	2.435	2.576	—	0.415	0.638	—	3	2	—
卢森堡	—	2.141	2.032	—	0.203	0.035	—	8	11
荷兰	2.155	2.144	2.011	0.135	0.206	0.014	6	7	13
挪威	1.812	1.790	—	-0.208	-0.148	—	18	17	—
波兰	1.633	1.602	1.584	-0.387	-0.336	-0.413	21	24	19
葡萄牙	2.215	1.740	1.706	0.195	-0.198	-0.291	4	20	16
斯洛伐克	—	1.698	—	—	-0.240	—	—	21	—
西班牙	1.706	1.633	1.511	-0.314	-0.305	-0.486	19	23	20
瑞典	2.100	1.910	2.351	0.080	-0.028	0.354	8	12	4
美国	2.820	2.719	2.638	0.800	0.781	0.641	2	1	1

资料来源：同表 4.4。

说明：由于部分数据不可得，因此本表只包括了 25 个国家。

表 4.6 的结果与前文提到的文献的研究结论有较大的差异：在 IMD 的国际竞争力报告（2007）中，中国总体排名从 2003 年的全球第 27 位上升至 2006 年的第 18 位，而经济领域的表现一直稳居前 3 位；Archibugi 和 Coco（2004）以 1990—2000 年平均的 ArCo 指数衡量发现，中国在 126 个国家和地区中居第 85 位；联合国 2001 年人类发展报告的 TAI 指数中，中国排名为第 45 位（UNDP，2001）；联合国工业发展报告（UNIDO，2003；2009）中的 CIP 指数显示，中国的排名从 1985 年的第 61 位、1998 年的第 37 位上升到 2000 年的第 31 位和 2005 年的第 26 位，而以研发投入（R&D）和专利衡量，中国分别居于第 44 位和第 56 位（1998 年）。这些衡量结果对中国的评价远低于本书分析的结果，其可能的原因是以上方法对许多变量取人均值，如人均的因特网、电话、电力以及识字率、入学率等，由于中国庞大的人口基数，必然极大地拉低其排名；同时"技术能力"衡量的是各国整体产业的技术水平，而非专注于高技术产业，因而也会和上文的结果有较大差异。而在针对高技术产业的研究中，上文的结果和相关的研究结论相近：在联合国工业发展报告中，中国高技术产业的研发投入（R&D）排名从 1985 年的

第26位上升到1998年的第19位（UNIDO，2003）；Mani（2000）的研究显示，1985—1998年中国高技术领域专利数居全球第10—13位，这一定程度上表明本书的新指标具有较好的准确性。

为了验证WVP_i^H指标衡量结果的准确性，计算各国高技术产业对其他产业的完全消耗系数，并在前文九部门的基础上，进一步把农业、低技术、中低技术和其他工业等合并在一起作为资源型投入（主要依赖于土地、矿产、金属及能源等资源），把中高技术和高技术合并为生产型投入（主要是资本、技术密集型的设备），把研发部门、商业合并为高端型投入（处于微笑曲线两端的部分），计算各国这三种投入在其总投入中的比例，其结果表明（见表4.7），那些在表4.6中排在前面的国家（主要的发达国家如美国、英国、德国等），其对高技术的国内投入基本以高端型为主且比例在不断上升，资源、生产型的投入则趋于下降；而在排名靠后的国家和地区中，新兴工业化经济体主要以生产型投入为主，如韩国、中国台湾等，而发展中国家则主要依赖于资源型的投入，如巴西、印度及印度尼西亚。中国则逐步从资源型过渡到以生产型为主，但资源型投入所占比例仍然很高，而且高端型投入则相对不足，甚至低于其他发展中国家的水平。这一定程度上印证了WVP_i^H指标衡量的结果。

表4.7　　　　　　　　代表性国家和地区完全消耗系数构成

国家/地区	巴西			中国			印度			印度尼西亚			捷克		
资源型	41.2	43.4	35.3	51.1	37.0	35.5	41.9	42.1	—	26.9	31.9	31.9	46.0	31.5	19.7
生产型	25	23.9	23	28.5	46.7	43.2	24.5	26.8	—	24.4	18.8	28.4	18.7	25	23.7
高端型	11.1	13.7	19	7.9	8.8	8.5	12.1	11.2	—	19.5	26.7	17.8	16.8	25	35.8
国家/地区	中国台湾			韩国			日本			加拿大			意大利		
资源型	29.1	23.6	—	22.1	24.5	—	24.6	24.3	25.1	16.3	22.5	—	32.1	31.5	23.7
生产型	34.7	41.4	—	48.2	41.0	—	35.0	30.2	30.6	12.7	24.8	—	14.7	9	21
高端型	18.9	18.5	—	14.8	18.2	—	24	28.0	27	15.5	26.4	—	29.9	31.4	29.9
国家/地区	澳大利亚			德国			法国			英国			美国		
资源型	28.4	24.9	30	24.6	20.6	22	24.1	22.5	27.6	29.4	23.7	24.2	30	20.6	21.3
生产型	11.1	13.9	8.5	24	22.6	18.6	23	29.9	19.3	20.3	15	12.4	31.7	25.2	18.2
高端型	31.9	28.8	30.3	27.9	30	30.8	33.9	28.7	30.8	23.8	32.5	33.3	21.3	27.0	30.7

资料来源：同表4.4。

说明：每个国家或地区项下的三个列分别为1995年、2000年、2005年的数据。

以上分析表明，WVP_i^H 指标能够较准确地判断一国高技术产业在国际分工中的相对地位。[①] 将 WVP_i^H 指标衡量的结果和传统的出口额统计值对比可发现，中国 1995 年、2000 年的高技术产品出口额在 33 个样本国家和地区中分别居第 10 位、第 8 位，到 2005 年则仅次于美国居于全球第 2 位，远高于德国和日本，而以 RSCA 指数和 GL 指数衡量的结果是在 46 个国家和地区中三个年份的排名分别是第 10、7、16 位和第 1、9、4 位；而以 WVP_i^H 指数衡量，则三个年份中国分别居于第 16 位、第 13 位和第 10 位，[②] 表明尽管中国高技术产业发展取得了一定的进步，但其速度远不及出口额增长的速度。因此加工贸易、产业内分工条件下传统的出口总额统计法确实高估了中国高技术产业的国际分工地位。

同时，尽管中国高技术产业的国内完全增加值率有大幅下降，但以 WVP_i^H 指标衡量的国际分工地位却呈明显的上升趋势，结合表 4.4 和表 4.5 可知，这是由于劳动生产率以及高技术部门所占比例的上升或相对稳定导致的结果。表明尽管中国参与高技术产业国际产品内分工、发展加工贸易所获得的贸易利益相对有限，但总体而言仍然有利于该产业的技术水平进步和生产效率的提高。其可能的原因是得益于产品内分工带来的技术溢出，[③] 表明中国的"出口导向"的加工贸易政策仍然起到了推动高技术产业发展的作用。此外，直至 2005 年中国高技术产业 WVP_i^H 指数值也仅略高于平均值（0.045），与多数工业化国家相比仍有明显的差距，因而认为中国高技术产业发展对发达国家的领先地位构成挑战是没有根据的。

第三节　区域差异分析

在对中国高技术产业总体的国际分工地位进行测度之后，有一个问题随之而来：在区域差距非常明显的中国内地，各省区在高技术产业国际分工地位方面是否也表现出如同整体经济领域一般的明显差距？或者说在经济整体中取得骄人成绩的沿海先行开放地区是否也在高技术产业国际分工

---

① 当然该指标也可以用于其他产业基于产品内分工的国际地位衡量。

② 由于这 33 个国家包括了主要在经合组织成员国和主要的非经合组织国家，因而这一排名基本反映了在国际分工中的地位。

③ 张纪（2008）的实证研究发现，中国通过参与产品内国际分工，由于技术溢出而实现了较快的技术进步。

地位中有着同样好的表现？如果这些答案是肯定的，则会引出另一个重要的论题：不同省区在高技术产业国际分工地位中的层次性，是否代表了中国高技术产业长期发展的方向与趋势，即沿海先行地区的发展轨迹是否显示了中国高技术产业国际分工地位升级的趋势？如果这个答案也是肯定的，则分析各省区高技术领域的表现，就有着很强的现实意义：内陆后发地区如何借鉴沿海先行地区的发展模式和经验来促进本地区高技术产业的发展与升级。要回答这些问题，首先需要了解中国各省区高技术产业的基本表现，再分析其国际分工地位表现及差异性，并讨论差异的成因。下文分析即按此顺序展开。

一 各区域高技术产业发展概况

图 4.9 显示，1997—2008 年各省区高技术产业产值呈现出自东向西递减的阶梯状分布，而且越来越集中于东部沿海地区，即集中度提高，这与整体经济的区域表现相一致。从其他方面来看，也都表现出向东部地区集中的趋势，图 4.10 表明，在企业数量、总产值、研发投入、出口值、专利授权数、从业人员数、资本投入量等方面，[①] 东部地区都占全国总体的绝大部分，表现出几乎完全相同的变动趋势。具体而言，在产值、研发投入、出口、专利和投资等方面，都是全国及东部地区持续增长，且在 2000 年中国加入 WTO 之后加速上升，而中西部地区则所占比例非常小，增速也不及前者；而企业数量、从业人员数则基本都从 1996 年开始下降，其原因可能是受当年开始进行的国有企业改革影响，并且受 1997 年亚洲金融危机影响而继续下降，接着在 1998 年之后开始回升，于 2002 年开始加速上升。

以上数据表明，各地区（尤其是东部地区）的要素投入和产出形成了相互促进的局面，即出口需求的增长，刺激了要素投入的增加带动产出的激增，进而吸引要素进一步向东部地区集聚，带来下一轮的产出增长，形成了良性循环。但各地区在国际分工体系中的地位是否也随之得到提升，需要作进一步分析。

---

① 这些数据在各省市的分布详见附表 15—21。

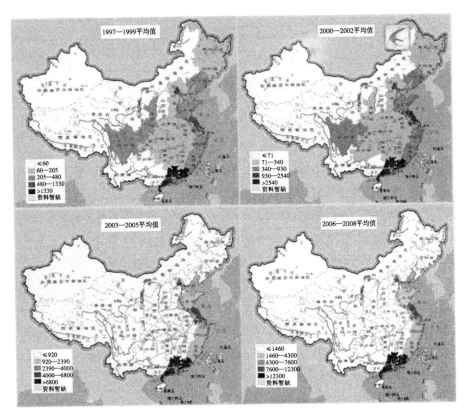

图 4.9　中国高技术产业产值分时期地区分布

二　国际分工地位的区域差异

从国家统计局和十个省市（具体见表 4.8）统计局获得其 1997 年、2002 年、2007 年细分为 100 多部门的投入产出表，[①] 采用第三章中的区域比较分析的方法转化为非竞争型投入产出表，并将 100 多部门归并为农业、低技术、中低技术、中高技术、高技术、其他工业、信息服务、金融、研发、教育和其他服务共 10 个部门，具体的归并方法见附表 11。从《中国劳动统计年鉴》中获得全国及 10 个省市相应年份各产业的劳动力投入数，根据归并后的投入产出表的 10 个部门进行合并。基于对省外调入的两种处理

[①]　国内多数省、区、市对细分到产业部门的投入产出表不公开出版和发行，甚至根本不向外提供，造成数据获取的困难，因此本书只选取东部、中部和西部地区中高技术产业产值高的省区作为代表。

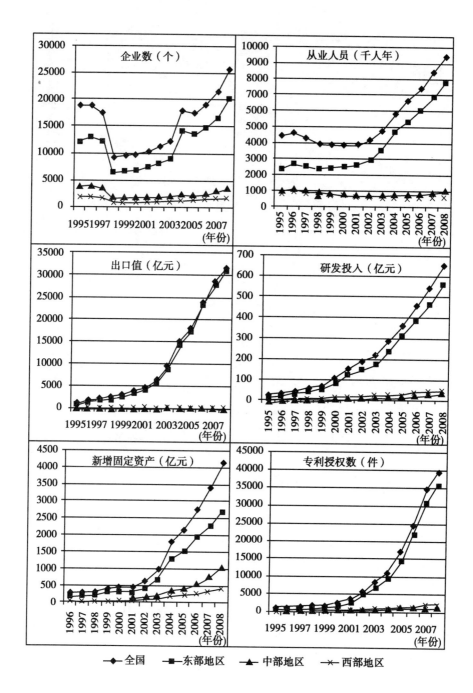

图 4.10　中国高技术产业各项指标及其区域分布

方法，分别计算包含省外溢出效应和不包含省外溢出效应的国内完全增加值率（b_{Vi}^H）和国内完全就业系数（b_{Li}^H），结果见下表 4.8 和表 4.9。

表 4.8　　　　　　全国及代表性省市高技术产业国内完全增加值率

	b_{Vi}^H		
	1997 年	2002 年	2007 年
全国	0.801	0.707	0.669
北京	—	0.533（0.879）	0.361（0.602）
上海	—	0.516（0.594）	0.359（0.492）
广东	—	0.444（0.532）	0.437（0.546）
山东	—	0.854（0.918）	0.798（0.905）
浙江	0.762	0.553（0.883）	0.507（0.662）
江苏	0.541（0.922）	0.603（0.716）	0.562（0.712）
湖北	—	—	0.852
河南	0.738	0.836	0.798
四川	—	0.906	0.786
陕西	0.809	0.667	0.658

资料来源：基于国家统计局和十个省市投入产出表计算。

说明：标"—"表示数据缺乏，括号中为计算省外溢出效应后的值，下同。

　　表 4.8 的结果表明，总体上单位高技术产品的最终需求（出口）带来的国内完全增加值趋于下降，表明中国无论是整体上还是代表性省市参与全球产品内分工的程度都提高了。具体而言，全国总体平均的国内完全增加值系数从 1997 年的 0.801 降到 2002 年的 0.707，再到 2007 年的 0.669，十年内降低了约 16%，与前文以 OECD 的数据计算的结果（1995，0.802；2000，0.663；2005，0.536）相比有一定的差异，而且差异值呈扩大趋势，这可能是由于所用数据不同所致——OECD 的数据是在公开数据的基础上估算而得。就区域差异而言，不计省外溢出效应的结果中，除山东外，[①] 东部地区代表性省份的 b_{Vi}^H 指数都低于全国的总体均值，而且北京、上海、广东的数值最低，前两者和浙江的降幅居前列（30% 以上）。而中西部代表性省份中的 b_{Vi}^H 指数除了陕西的略低外，其余基本都高于全国总体均值。这表明相对于中西部地区而言，东部地区的生产更多地使用了进口的中间投入，对全球产品内分工的生产网络体系参与

---

　　① 山东的 b_{Vi}^H 指数较高，可能是由于其资源与要素的自给度较高。

度也更高。此外，在计算了省外溢出效应后，东部地区代表性省份的 b_{Vi}^H 指数得到了明显提高，北京以 65% 提高幅度居首，其次是浙江提高了 30% 以上，但基本上都仍然低于中西部省份的值。显示出东部地区通过更多地参与全球产品内分工，不但为自身经济增长提供了动力，而且通过区域间的溢出效应对全国整体的经济增长具有较强带动作用。这与中国开放由沿海到内陆逐次推进的过程相一致，也和整体经济的区域差异表现相一致。

表 4.9 中高技术产品最终需求（出口）拉动的就业系数 b_{Li}^H 与 b_{Vi}^H 指数有相似的表现，总体上下降趋势非常明显。全国总体的 b_{Li}^H 指数从 1997 年的 0.176 下降到 2002 年的 0.06，再到 2007 年的 0.032，即每百万元的最终需求（出口）所能带动的就业从 1997 年的约 18 个单位降到 2007 年的 3 个单位，10 年间降低了 6 倍。就区域差异而言，不计省外溢出效应所得的 b_{Li}^H 指数也是东部低于全国平均值（除山东外），中西部则基本都高于平均值，在计算了省外溢出效应后，除广东和上海外，东部省市的 b_{Li}^H 指数基本都接近了全国平均值，但仍低于中西部省份的值。这些表明，整体上中国高技术产业的生产效率得到了快速提升，而且东部地区的生产效率整体上高于中西部地区。

表 4.9　　　　　　全国及代表性省市高技术产业完全就业系数

	b_{Li}^H		
	1997 年	2002 年	2007 年
全国	0.176	0.060	0.032
北京	—	0.049（0.090）	0.019（0.033）
上海	—	0.034（0.040）	0.014（0.018）
广东	—	0.024（0.029）	0.016（0.019）
山东	—	0.070（0.076）	0.030（0.033）
浙江	0.092	0.023（0.040）	0.020（0.027）
江苏	0.097（0.166）	0.035（0.042）	0.019（0.020）
湖北	—	—	0.036
河南	0.234	0.121	0.044
四川	—	0.101	0.041
陕西	0.305	0.128	0.048

资料来源：同表 4.8。

由于增加值率和就业系数从相反的方向代表了各省市在高技术产业在国际分工中的地位，因此以国内完全增加值率除国内完全就业系数（ $b_{V_i}^H/b_{L_i}^H$ ）得到反映满足最终需求（出口）的产品生产过程中单位劳动力所能创造的国内完全增加值的指标（Domestic Value-Added Per Capita DCAPC），[①] 用以综合衡量各省市在国际分工中的相对地位。结果表明（见表 4.10），无论是整体还是分省市的 DCAPC 指标数值都得到了大幅提高，这与前文分析的中国高技术产业国际分工地位快速提升的结论相一致。但各省市之间的表现具有差异性，以上海、广东、浙江、江苏等为代表的东部先行开放地区，在全球生产体系所处的位次高于全国的平均水平，其中以江苏 2007 年的值为最高，广东、山东、上海次之，但从三个年份的平均值来看，则是浙江居首。中西部地区则基本都低于总体平均值，但增长速度快于全国平均和东部地区。同时，将省外溢出效应计入之后得到的 DCAPC 指标和未计入时的结果相比较，除了江苏 2007 年的值之外，其余的差异值都在 1 以下，表明所用方法的可靠程度较高，不易受其他因素的干扰。

表 4.10　全国及代表性省市出口部门单位劳动力创造的国内完全增加值

	DCAPC		
	1997 年	2002 年	2007 年
全国	4.558	11.736	20.786
北京	—	10.873（9.736）	19.524（18.242）
上海	—	14.997（15.030）	26.175（27.166）
广东	—	18.402（18.338）	28.026（28.165）
山东	—	12.276（12.146）	27.051（27.102）
浙江	8.257	24.140（22.133）	24.843（24.435）
江苏	5.609（5.568）	17.116（17.076）	29.414（35.408）
湖北	—	—	23.719
河南	3.152	6.893	18.185
四川	—	8.978	19.262
陕西	2.653	5.220	13.824

资料来源：同表 4.14。

[①]　此方法和前文国际比较时所用方法不同，主要是因为区域比和国际比较的差异性，无法用加权的 RCA 指数对 $b_{V_i}^H$ 系数加权。

第四节　基于市场势力的进一步验证①

市场势力（Market Power）是指一定时期内将价格维持在边际成本以上的能力，具体表现为一种对价格的加成能力（Mark-up）（黄先海、陈晓华，2009）。一般认为，这种价格加成能力可以来自于大型企业（Sampson & Snape，1980；Kolstad & Burris，1986；Karp & Perloff，1989；Pick & Park，1991；Love & Murninigtyas，1992；Carter et al.，1999），也可能源于大国运用外贸政策来增加本国的福利（Anania，2001）。贝恩（Bain，1951）首创了市场势力研究的"市场结构—市场行为—市场绩效"分析范式（S－C－P范式），Goldberg 和 Knetter（1999）提出通过估计特定出口集团面临的剩余需求弹性（Residual Demand）来分析其在目标市场的竞争强度（Intensity of Competition）的方法，其优势在于不需要细分到企业层面的数据，也不需要竞争对手的成本数据，而且避免了跨产业研究的多种缺陷，因而被许多经济学家采用。该方法为分析一国产业的国际竞争力提供了有力的工具，学者们基于该方法的实证研究为产业发展政策制定提供了有益的指导。然而鲜有研究注意到，在产品内分工与贸易模式下，这一分析方法会因为"统计假象"问题而对所估计的市场势力造成"污染"——由于产品内分工的发展，各国出口品中包含大量进口中间投入品的价值，出口量值并不代表其真实的产业竞争能力与技术水平，因此直接以产品出口价格和数量估计市场势力，必然导致所得结果出现偏误，从而极有可能高估一国产业在目标市场的竞争力。之所以缺乏探讨此问题的文献，可能与分析方法及数据的局限有关：各国提供的对外贸易数据都是没有剔除进口中间投入品价值的传统数据，学者们要在此基础上直接剔除进口中间投入品价值是很困难的。

前文提出的解决"统计假象"问题所用的非竞争型投入产出法为解决这一问题提供了较好的思路。下文运用中国及其竞争者高技术产品出口的数据，先直接进行市场势力估计，再以剔除了出口品中包含的进口的中间投入品价值的数据进行市场势力估计，通过样本国家在三个目标市场（美国、日本和德国）市场势力的比较，探讨因"统计假象"问题导致的

---

① 本部分的缩简版发表在《管理世界》2010年第12期。

对中国高技术产品国际市场势力的高估程度，以及中国高技术产业在国际贸易中的真实竞争力，以验证前文对中国高技术产业国际分工地位测度的准确性。

一 研究方法

Goldberg 和 Knetter（1999）的研究的基本假设是：（1）同一国家生产的同一行业的产品之间是完全替代的，不同国家生产的同一行业的产品之间可以是完全替代，也可以是不完全替代的；（2）外部冲击（如汇率变动）使得出口国企业的生产成本相对于市场上其他供给者发生移动；（3）在样本期间内不存在重大贸易政策变化的出口目标市场。基于这些假设，他们建立了一个测度市场势力的模型，设 P^x 为一国向目标市场出口的产品价格，Q^x 为总出口量，$p^1,\cdots,p^n$ 为 n 个竞争者（国家）的同类产品价格，出口国和竞争者的需求函数可表示如下：

$$P^x = D^x(Q^x,p^x,\cdots,p^n,Z) \tag{4.1}$$

$$P^l = D^l(Q^l,p^j,p^x,Z)\ j=1,\cdots,n\ ,j\neq l \tag{4.2}$$

在特定的目标市场出口国 i 的利润最大化一阶条件是：

$$P_i^x = e \cdot MC_i^x - q_i^x \cdot D^x\varphi\theta_i \tag{4.3}$$

其中，$\theta_i = \left(1 + \sum_{j\neq i}\dfrac{\partial\,q_j^x}{\partial\,q_i^x}\right)$ 表示一国出口商之间的"内部"竞争行为，

$\varphi = \left(1 + \sum_k\dfrac{\partial\,D^x}{\partial\,p^l}\cdot\dfrac{\partial\,D^k}{\partial\,p^x}\right)$ 表示出口商和国外竞争者之间的"外部"竞争状况。

类似地，竞争者的一阶条件为：

$$P^l = MC^l - Q^l \cdot D^l\vartheta^l \tag{4.4}$$

因竞争者 l 的边际成本 MC^l 可看成是其销量 Q^l，以及其他成本变量 C^l 的函数，所以（4.4）式可写成：

$$P^l = MC^l(Q^l,C^l) - Q^lD^l(Q^l,p^j,p^x,Z)\vartheta^l \tag{4.5}$$

经过竞争，$j=1,\cdots,n$ 个竞争者的价格将趋于一致，即：

$$P^l = p^{l*}(Q^x,W^n,\vartheta^n,Z),l=1,\cdots,n \tag{4.6}$$

将（4.5）式代入（4.1）式得到：

$$P^x = D^x(Q^x,p^x,\cdots,p^n,Z) = D^{rx}(Q^x,W^n,\vartheta^n,Z) \tag{4.7}$$

D^{rx} 为出口商面临的需求曲线的斜率，即 $D^x\cdot\varphi$，代表其市场势力。由

此可得到如下市场势力估计方程：

$$\ln P_{mt}^x = \beta_0 + \eta \ln Q_{mt}^i + \beta_1 \ln Z_{mt} + \beta \ln W_{mt}^n + \varepsilon_{mt} \qquad (4.8)$$

其中下标 m 表示的是一个具体的出口市场；下标 t 表示的是时间，在此处以年份来表示。β_0 是一个常数，随出口地市场的不同而异；η 表示的是出口产品的出口国所面对的剩余需求弹性；β_1 和 β_2 是待测的参数；ε_{mt} 是随机误差项；P_{mt}^x，Q_{mt}^i 分别表示出口国集团出口的产品 i 的价格（用出口目标地国家的货币来表示）和数量；Z_{mt} 表示目标国市场的需求变化，以其 GDP 衡量；W_{mt}^n 表示的是出口国集团的主要竞争者的成本的变化（用出口目标地国家的货币表示的主要竞争者的价格、工资和汇率[①]等）。

在产品内分工条件下，如果出口品中包含的进口中间投入品价值占产品总值的比例为 $1 - \delta_{DVA}$（δ_{DVA} 为国内完全增加值率），则剔除进口中间投入品价值的修正价格可表示为：

$$P^{rx} = \delta_{DVA} \cdot P^x = \delta_{DVA} \cdot D^{rx}(Q^x, W^n, \vartheta^n, Z) \qquad (4.9)$$

弹性估计方程也变为：

$$\ln \delta_{DVA} P_{mt}^x = \beta_0 + \eta \ln Q_{mt}^i + \beta_1 \ln Z_{mt} + \beta_2 \ln W_{mt}^n + \varepsilon_{mt} \qquad (4.10)$$

因为修正价格中不包含进口中间投入品的价值，因此预计以（4.10）式估计的需求弹性可能比（4.8）式的估计结果小，如果实际数据的回归结果表明以完全国内增加值率修正价格后所估计的需求弹性系数变小，而且完全国内增加值率较大的国家（即进口中间投入品比例较小），其需求弹性系数的变化也较小，则表明确实存在对不同国家市场势力的高估，即"统计假象"对市场势力的估计造成了影响，而且拥有大量加工贸易的发展中国家会表现得更明显。

首先以前文提出的区分高技术产业和传统产业的非竞争型投入产出表，计算高技术产品出口的国内完全增加值率，根据（4.9）式修正出口价格，再基于（4.8）式和（4.10）式分别对中国及其竞争国出口到美国、日本和德国三大市场的高技术产品的市场势力进行估计，并和其他竞争者进行对比分析，以确定高技术产业国际市场势力分析中是否存在"统计假象"问题。预先的基本判断是：

（1）以未修正的价格估计的市场势力，中国和主要的发达国家（美

[①] 此处借鉴（Cho，Jin & Koo.，2002）的方法将汇率作为影响出口产品成本变动的因素引入市场势力分析模型。

国、日本、德国）的差距不会太大。支持这一判断的依据是，以出口总额
统计，至 2007 年中国高技术制造业规模位居世界第二，国际市场份额位
居全球第一，与美国、德国等处于相似的阵列。

（2）以修正后的价格估计的市场势力，中国和主要的发达国家会有
较大差距，而和印度、巴西等发展中国家相近。因为中国参与全球高技术
产业产品内分工的方式以加工贸易为主，由于"统计假象"的影响，出
口量值大并不代表具有市场势力强。

二　数据来源及处理

鉴于数据的可得性，同时为了便于不同国家间的比较分析，选择与中
国情况较为接近的巴西和印度这两个发展中国家，以及美国、德国和日本
三个发达国家（同时也是目标市场），[①] 作为与中国进行比较分析的参照。
因此所需的数据主要是样本国出口高技术产品到这相应目标市场的价格
（P）、数量（Q）、汇率（E）和国内完全增加值指数（δ_{DVA}），目标市场
国经物价指数平减的实际 GDP（$RGDP$），以及用于对高技术产品的出口
价格进行平减的制造业生产者物价指数（PPI）。出口价格（P）和数量
（Q）来自 Source OECD 数据库中的 ITCS International Trade by Commodity
Database，1988—2006 年基于第三修订版的《国际贸易标准分类》（SITC
Rev. 3）4 位码的贸易统计数据，并根据 OECD 2001 年提出的界定高技术
产业的"五分法"，以及联合国数据库提供的 ISIC Rev. 3 和 SITC Rev. 3 的
对照表，选出其中的高技术产业的出口额和数量，以出口额除以出口数量
得到初始价格，再以五类产品各自占高技术出口品总值的比重为权重，计
算单位出口产品的加权平均价格（P）；从 OECD. Stat 数据库获得以下数
据：Financial Indicators（MEI）项下各出口国与三个目标市场国之间的年
平均汇率（E），用以将出口价格换算成以目标市场货币表示的价格，同
时作为影响出口国成本的因素，Gross Domestic Product 项下以 2000 年为基
期的经过购买力平价指数平减的以支出法统计的三个目标市场国的国内生
产总值（$RGDP$），Price Indices（MEI）项下以 2005 年为基期的制造业生
产者物价指数（PPI）；国内完全增加值指数基于前文第三章提出的方法，

---

① 之所以选择这三个国家为目标市场，是因为它们是全球高技术产品消费中所占份额高、
具有代表性的市场。

采用 *OECD Input-Output Database*（2009）提供的 1995 年、2000 年和 2005 年非竞争型投入产出表计算而得，并以此根据（4.9）式对出口价格进行修正。由于只能计算得到三个不连续年份的国内完全增加值指数，因此以 1995 年的完全增加值指数修正该年份以及之前的价格，以 1995 年和 2000 年的平均值修正介于两个年份之间的价格，其余的也作类似处理。

表 4.11　　　　　　　　样本国出口的高技术产品加权平均单价

国家 年份	巴西	中国	德国	印度	日本	美国
1988	17.651	4.294	4.167	4.563	23.542	89.544
1989	18.876	5.595	8.233	5.825	23.958	126.527
1990	18.273	5.627	9.693	17.334	24.631	129.749
1991	14.517	6.074	9.857	10.241	25.364	132.042
1992	15.791	6.526	10.350	8.920	27.879	121.665
1993	20.204	10.761	9.978	3.834	27.410	106.409
1994	11.350	7.989	12.212	3.643	33.432	123.683
1995	10.423	12.511	11.946	4.285	40.726	121.031
1996	9.541	9.482	11.153	9.933	41.224	131.224
1997	14.703	12.266	11.629	5.384	38.326	149.613
1998	15.309	11.203	14.722	11.327	38.019	155.718
1999	9.911	10.081	16.107	5.705	37.990	141.160
2000	12.567	10.345	17.244	7.840	42.978	141.158
2001	14.376	9.593	19.652	10.269	42.164	126.856
2002	14.049	10.798	16.326	13.602	37.699	124.470
2003	10.214	11.249	16.349	13.607	38.831	145.941
2004	7.241	13.264	18.737	16.796	38.158	145.820
2005	8.726	20.922	26.886	20.630	37.999	166.433
2006	8.786	24.433	27.863	18.780	38.227	169.234
平均值	13.290	10.685	14.374	10.133	34.661	134.120

资料来源：根据 OECD 数据库的相关数据计算而得。

说明：单位为美元。加权平均单价是以"五分法"得到的五类高技术产品出口额的比例为权重，分别计算各国向三个市场出口高技术产品的总体单价的加权平均值，再对三个市场的单价求均值，并以 PPI 进行平减。

表 4.11 和表 4.12 列出了各国相应年份的高技术产品平均单价和国内

完全增加值指数值。可以看出，除巴西呈波动下降趋势之外，各国的单位高技术产品的出口价格都呈上升趋势，美国的高技术产品出口单价最高，日本和德国次之。中国的出口单价从 1988 年的最末位上升到 2006 年与德国接近的水平，但以 19 年的平均值衡量，中国和印度非常接近；表4.9 数据显示，各国高技术产品出口的国内完全增加值系数基本上都呈下降趋势，其中巴西和中国的下降幅度最大，这表明两国高技术出口品中进口中间投入品所占的比例大幅增加，而国内增加值比例则相应下降，因此运用直接出口数据进行市场势力分析时应注意"统计假象"问题带来的影响。

表 4.12　　　　　　　　　　　样本国三个年份国内完全增加值指数

年份＼国家	巴西	中国	德国	印度	日本	美国
1995	0.756	0.802	0.750	0.712	0.897	0.850
2000	0.751	0.663	0.705	0.719	0.799	0.814
2005	0.654	0.536	0.686	0.719	0.808	0.791

资料来源：基于 OECD Input-Output Database （2009） 计算。

三　实证结果讨论

经汇总整理，得到六个国家 1988—2006 年的面板数据。在进行回归估计之前，需要对数据进行面板单位根检验，以确定其平稳性、避免伪回归问题。面板单位根检验结果表明数据不存在单位根（见表4.13），是平稳序列。

表 4.13　　　　　　　　　　　数据的面板单位根检验结果

检验方法	统计值	P 值	截面数	样本量
Null：Unit root （assumes common unit root process）				
Levin，Lin & Chu t *	− 24.0104	0.0000	6	342
Null：Unit root （assumes individual unit root process）				
Im，Pesaran and Shin W-stat	− 17.2933	0.0000	6	342
ADF-Fisher Chi-square	659.689	0.0000	6	342
PP-Fisher Chi-square	631.692	0.0000	6	342

资料来源：同表4.12。

基于平稳数据序列分别就（4.8）式和（4.14）式以原始价格和修正

价格对各国高技术产品出口美国的市场势力进行估计，结果见表4.14。
由 Q 项的回归参数可知，以原始价格进行估计，日本的价格需求弹性系数
绝对值最高，为0.656，其余中国、印度、德国的值较为接近（均接近
0.4），甚至巴西的数值还高于德国，显示出以直接价格进行市场势力估
计，发展中国家和发达国家差距并不大。然而在对价格进行修正以后再估
计相应的市场势力，各国的估计系数都有所下降，但日本和德国的下降不
足10%（绝对降幅在0.1以下），而中国、印度和巴西则下降了约40%
（中国和印度绝对降幅接近0.15，巴西超过了0.2），这使后一组国家和
前两个国家之间的差距拉大，即在修正价格之后，日本和德国在美国市场
具有远高于中国、印度和巴西的市场势力。对比样本中两类国家高技术产
品在美国市场的表现，发展中国家市场势力被高估的程度更严重。而竞争
者的价格和汇率对一国出口价格的影响也有类似的表现，在未修正价格模
型中，德国的出口产品价格和汇率对中国出口价格有显著的负作用（系数
分别约为 -0.526 和 -0.945），而在修正价格之后这种影响明显减小（系
数约为 -0.36 和 -0.807），显著性水平也有所降低，尽管日本的出口价
格和汇率对中国出口价格的影响大都不显著，[1] 但在修正价格后影响系数
的绝对值有所减小。德国和日本的出口价格也受到来自中国和其他发展中
国家的类似影响：未修正价格时较大而修正后降低，尽管各自的下降幅度
各不相同。与此相反，发展中国家的价格和汇率对中国的影响以及发展中
国家之间的相互影响在修正价格后都有所上升，如修正价格后巴西、印度
和中国之间的相互影响程度增加。

表4.14   各国高技术产品在美国的市场势力估计结果

国家 变量	价格修正模型					价格未修正模型				
	巴西	中国	德国	印度	日本	巴西	中国	德国	印度	日本
C	64.204	-41.995	-82.462	108.816	-2.755	83.717	-41.951	-93.721	128.292	-10.006
Q	-0.258# -2.103	-0.185 -1.277	-0.361 -1.203	-0.248# -2.305	-0.596 -1.160	-0.494 -2.184	-0.328※ -2.550	-0.390 -1.176	-0.391※ -2.854	-0.656 -1.392

---

[1] 这可能和亚洲的"三角贸易模式"有关，即日本和韩国出口高集成度的零部件到中国等
亚洲的发展中国家，进行组装加工后再出口到欧美市场。

续表

国家 变量	价格修正模型					价格未修正模型				
	巴西	中国	德国	印度	日本	巴西	中国	德国	印度	日本
RGDP	3.792 1.174	2.747※ 2.810	5.683* 12.692	8.269 0.898	0.892 0.187	5.111 0.971	2.564※ 2.827	6.457* 7.907	9.606 1.139	1.440 0.297
巴西-P	—	-0.027 -0.365	-0.145※ -2.514	-0.056 -0.153	-0.140 -0.623	—	-0.005 -0.084	-0.204# -1.962	-0.011 -0.033	-0.138 -0.619
巴西-E	—	-0.084※ -3.054	-0.153* -6.269	-0.284 -1.687	-0.057 -0.369	—	-0.069# -1.970	-0.104 -1.793	-0.377# -2.103	-0.065 -0.447
中国-P	-0.268 -0.393	—	-0.752* -3.655	-3.821※ -2.503	-0.019 -0.022	-0.118 -0.188	—	-1.078* -8.499	-2.947# -2.211	-0.066 -0.078
中国-E	-0.323 -0.324	—	-0.987 -1.599	-1.719 -0.861	-0.862 -0.662	-0.373 -0.403	—	-1.019* -7.508	-0.919 -0.461	-0.900 -0.743
德国-P	-1.472※ -2.781	-0.360※ -2.946	—	-1.742 -1.312	-0.226 -0.238	-1.682 -2.843	-0.526* -3.755	—	2.563 1.729	-0.177 -0.183
德国-E	-0.034 -0.040	-0.807※ -3.006	—	-2.674 -1.814	-0.544 -0.727	-0.082 -0.117	-0.945※ -2.744	—	-4.027# -2.308	-0.540 -0.700
印度-P	-0.053 -0.141	-0.061 -1.511	-0.016 -0.199	—	-0.165 -1.399	-0.102 -0.314	-0.060 -1.371	-0.150※ -2.961	—	-0.166 -1.337
印度-E	-0.175 -0.277	-0.433 -1.088	-0.039 -1.482	—	-0.600 -0.475	-0.015 0.025	-0.315 -0.800	-0.135 -0.222	—	-0.612 -0.520
日本-P	-0.993 -1.573	-0.068 -0.556	-0.539※ -2.670	-1.160 -1.642	—	-1.106 -1.605	-0.191 -1.316	-0.410# -2.096	-1.629※ -2.502	—
日本-E	-0.198 -0.148	-0.522 -1.851	-0.254 -0.485	5.288* 4.312	—	-0.313 -0.213	-0.607※ -2.538	0.068# 0.297	6.023* 4.851	—
A-R²	0.718	0.950	0.981	0.902	0.949	0.752	0.975	0.958	0.916	0.958
F	6.382	33.875	81.414	16.588	13.132	6.444	67.413	40.160	19.553	16.093
D-W	2.406	2.435	2.430	2.935	1.673	2.383	2.315	2.209	3.151	1.827

资料来源：同表4.11、表4.12。

说明：标 *、※、# 分别表示 1%、5%、10% 的显著性，下同。

表 4.15　　　　各国高技术产品在德国和日本的市场势力估计结果

德国 市场	价格修正模型					价格未修正模型				
	巴西	中国	印度	日本	美国	巴西	中国	印度	日本	美国
C	171.503	-246.536	-143.149	2.735	-58.096	163.309	-212.696	-145.261	0.817	-57.699
Q	-0.309※ -1.742	-0.097 -0.260	-0.653 -1.624	-0.314 -1.605	-0.182 -0.700	-0.363# -2.248	-0.215 -0.577	-0.745 -1.780	-0.401 -1.771	-0.195 -0.810
RGDP	12.310* 3.125	18.496# 2.182	9.305# 2.089	0.521 0.203	3.961※ 2.650	11.470※ 3.153	16.275# 1.966	9.548 1.841	0.749 0.305	3.940※ 2.930
A-R²	0.812	0.888	0.895	0.921	0.901	0.790	0.857	0.896	0.874	0.882

续表

德国市场	价格修正模型					价格未修正模型				
	巴西	中国	印度	日本	美国	巴西	中国	印度	日本	美国
F	3.460	6.328	6.818	9.378	7.261	3.016	4.800	6.913	13.481	5.987
D-W	3.263	2.672	2.521	2.468	2.506	3.241	2.757	2.454	2.433	2.571

日本市场	价格修正模型					价格未修正模型				
	巴西	中国	德国	印度	美国	巴西	中国	德国	印度	美国
C	-51.338	-40.785	-20.729	-80.907	-9.202	1.216	-53.187	-13.683	-1.847	-15.305
Q	-0.445 -1.574	-0.372# -2.017	-0.478 1.826	-0.126 -0.839	-0.146 -0.785	-0.471 -1.518	-0.561 -2.450	-0.589 -1.875	-0.197 -1.167	-0.176 -0.904
RGDP	5.504 0.292	2.222 0.794	0.884 0.475	5.465 0.442	1.043 1.243	1.844 0.101	2.795 0.823	0.255 0.121	0.207 0.018	1.415 1.399
A-R²	0.821	0.950	0.859	0.873	0.894	0.827	0.950	0.879	0.887	0.908
F	3.666	35.021	11.995	5.516	16.130	3.833	35.831	14.022	6.303	18.700
D-W	2.739	1.862	2.399	2.284	2.303	2.782	2.048	2.336	2.409	2.435

资料来源：同表4.11、表4.12。

说明：本表未报告其他竞争对手的出口产品价格和汇率的影响的估计结果。

表4.15 的结果进一步表明，各出口国在德国和日本的市场势力都因为"统计假象"问题而有不同程度的高估，但以中国为代表的发展中国家被高估的更严重，在两个目标市场的估计结果中，中国的以未修正价格和修正价格分别估计市场势力之差最大，在德国市场和日本市场的绝对降幅分别约为0.118 和0.189。表4.14 和表4.15 的估计结果表明，在市场势力的分析中，如果不考虑由于进口的中间值投入所导致的出口价格"虚高"的问题，会引起所估计的市场势力产生较大的误差，尤其在用以分析发展中国家的问题时这种误差会更明显。

为了进一步明确"统计假象"问题对中国高技术产业国际市场势力的影响，对中国出口美国的高技术品按五分法划分的不同部分分别进行两个模型的市场势力估计，表4.16 中的结果显示，在修正价格后，五类高技术出口产品中的市场势力都有不同程度的下降，其中以计算机及办公设备制造业和无线电话制造业（OACM）、电视及通信设备制造业（RTCE）两类产业下降幅度最大，其绝对降幅都超过了0.2，而其他部分降幅则不足0.1，表明中国出口美国的高技术产品中这两类产业受"统计假象"的影响最大。这可能与中美高技术产品贸易的结构有关系，图4.11 表明，中国对美国高技术产品贸易中顺差最大的恰是 OACM 和 RTCE 这两类产品，其贸易方式的构成中一般贸易所占的比例分别仅占 1% 和 5% 左右（见图 4.12），即绝大部分是以加工贸易的形式进行的，由此导致在修正价格后其估计的市场势力下降最明显，而一般贸易所占比例较高且贸易顺差很小甚至逆差的其他几类则下降不明显。这进一步表明市场势力估计中"统计假象"问题的影响是很明显的。

表 4.16　　　　　　　　中国高技术产业各部分出口美国的市场势力

美国市场	价格修正模型					价格未修正模型				
	P	AS	OACM	RTCE	MPOI	P	AS	OACM	RTCE	MPOI
C	-27.927	-7.785	-9.557	-32.161	19.066	-20.013	-5.640	-52.607	-69.086	4.427
Q	-0.628* -3.985	-0.776# -1.783	-0.733※ -3.355	-0.671* -4.062	-0.256 -1.543	-0.721* -4.547	-0.853# -2.038	-0.9583* -16.941	-0.894* -11.611	-0.304 -1.728
RGDP	2.432※ 3.029	1.533 0.557	1.312# 2.020	2.712 0.557	1.622 1.079	1.822* 3.314	0.879 0.322	4.447* 11.764	5.475* 9.719	0.663 0.521
A - R²	0.983	0.685	0.961	0.963	0.977	0.978	0.888	0.997	0.995	0.982
F	92.291	3.016	39.193	41.923	69.316	72.473	2.126	638.049	327.161	87.832
D - W	2.864	2.033	3.094	2.986	2.677	2.983	2.263	2.770	2.765	2.22

资料来源：同表 4.11、表 4.12。

说明：字母的含义同图 4.2。

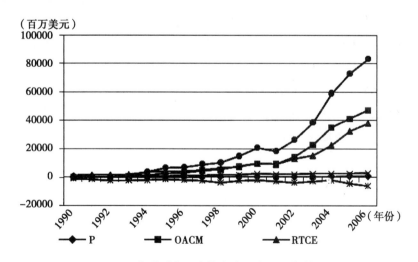

图 4.11　中国对美国高技术产品贸易平衡状况

资料来源：Source OECD Database。

说明：字母的含义同图 4.2。

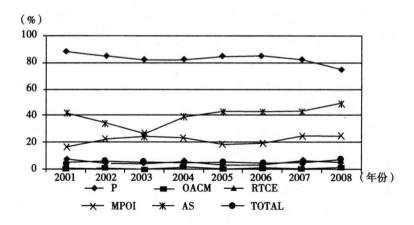

图 4.12　中国对美国高技术出口中一般贸易的比例

资料来源：国研网对外贸易统计数据库。

说明：字母的含义同图 4.2。

小　结

　　以上基于第三章提出的新方法，先对中国高技术产业国际分工地位进行了测度和跨国比较分析，然后在修正出口价格的基础上，采用市场势力估计的方法，进一步验证了新的国际分工地位分析方法的可靠性，结果表明中国高技术产业的国际分工地位因"统计假象"而被明显高估，以非竞争型投入产出法计算"加权的增加值－生产率"指标的方法能在解决高估的基础上相对准确地测度国际分工地位。同时，以新的方法对中国不同区域高技术产业在国际分工中的表现进行分析发现，东部地区领先于中西部地区，更多地参与了高技术产业的全球分工。

第五章

高技术产业国际分工地位
升级：影响因素

第一节　分析基础

寻求升级的途径是准确判定一国高技术产业国际分工地位之后的必然选择。对国际分工地位升级的研究主要从两个方向展开，一是从全球价值链治理（Governing Global Value Chains）的角度来实证分析发展中国家在全球价值链中的升级途径，如 Shao 和 Chi（2006）、Zhu（2007）、Thomsen（2007）、Garcia 和 Scur（2007）等对中国、巴西、越南具体产业全球价值链治理的讨论；二是从 FDI 技术溢出和产业转移等角度进行分析。对 FDI 溢出效应及其对产业升级的作用，学者们的看法不尽一致。Blomstrom 和 Persson（1983）、Kokko（1994）对墨西哥的研究表明，制造业的劳动生产率与本行业吸收的 FDI 呈正相关关系，存在 FDI 的行业内溢出效应。但 Haddad 和 Harrison（1993）对摩洛哥、Kokko et al.（1996）对乌拉圭的研究却得出了相反的结论（李平、余国才，2009）。对 FDI 在中国的溢出效应研究是一个热点问题，对其研究已从存在性检验转向条件性研究（符淼，2009；赖明勇等，2005；沈坤荣、耿强，2001；江小涓、李蕊，2002；李平、余国才，2009），同时学者们对 FDI 投资区域间溢出效应（钟昌标，2010；罗雨泽等，2008）、行业层面的溢出效应（何洁，2000；赵曙东，2008）和企业层面的溢出效应（刘巳洋等，2008；王争、孙柳媚和史晋川，2008），以及 FDI 与区域经济及其差距的关系（魏后凯，2002；武剑，2002；许冰，2010）等多方面的问题作了论证与分析。这些研究发现 FDI 在中国具有溢出效应，并且溢出效应因企业、行业、区域而异。但一些研究者发现 FDI 和技术引进进展并不尽如人意，平新乔

（2007）分析表明，FDI 的技术溢出效应并不像人们预期的那样显著，甚至 FDI 的流入在一定程度上阻碍了内资企业技术创新的努力。范承泽、胡一帆和郑红亮（2008）研究也发现 FDI 对中国国内研发投入的净作用为负，也有学者的研究结果显示外商直接投资对内资企业的影响并不显著（蒋殿春、张宇，2008），甚至是显著为负的（路江涌，2008）。

　　以上研究对发展中国家提升其国际分工地位具有借鉴意义，但多数研究关注的重点仍然是"外部性"的因素，即从发展中国家之外寻求能帮助其实现升级的途径，意图借助分工合作的知识溢出来提高技术水平、改善分工地位，实现价值链位置由低端向高端跨越（唐海燕、张会清，2009），忽略了对"内部力量"的分析，如国内投资力度、基础设施建设、人力资本积累以及技术进步等，而这些才是一国赖以实现产业升级的基础和根本，依靠外资和加工贸易永远只能做被动的"跟随者"——跨国公司向发展中国家投资和转移生产的目的绝不是促进它们的技术进步或产业升级，那样等于为自己培养一个强有力的竞争对手。因此对于像中国一样已然被卷入全球生产网络体系中的广大发展中国家而言，问题的关键是如何通过自身的努力，打破发达国家的跨国公司在国际贸易与定价中的垄断地位，摆脱被其"俘获"的状态，实现国内产业技术水平和国际分工地位的提升。

　　下文在前文所用的测度高技术产业国际分工地位方法的基础上，在统一的分析框架下，即从国内增加值和出口部门的劳动生产率的比较入手，尝试构建两国产品内分工条件下，发展中国家国际分工地位升级受其国内技术进步、资本积累、人力资本提升等内部因素影响的机理模型，并进行实证检验，以探索发展中国家通过自身的努力实现国际分工地位提升的可行途径。

第二节　基于非竞争型投入产出测度法的理论模型

一　假设

　　借鉴 Long et al.（2001）、Sim（2004）以及唐海燕、张会清（2009）对产品内分工的研究，假设两个拥有不同要素禀赋和技术水平的国家 G_1 和 G_2（G_1 可视为发展中国家，G_2 为发达国家），使用技术劳动力 L_{Hi} 和非

技术劳动力 L_{Si} ，以及资本 K_i （ $i=1,2$ 代表两个国家），生产产品供给本国的消费者及出口，生产过程可分割为 $[0,1]$ 阶段，在生产任意阶段 j（$j \in [0,1]$）需要一单位的非技术劳动力 L_S ，j 单位的技术劳动力 L_H 和资本 K ，即生产阶段越高则越需要投入高级的生产要素（对 L_{Hi} 和 K_i 的需求越大）。两国的要素禀赋状况是，G_1 拥有更多非技术劳动力 L_S ，G_2 则技术劳动力 L_H 和资本 K 充裕，两国中三种要素的价格分别为 w_i^S 、w_i^H 和 r_i ，技术水平为 A_i ，产品价格为 P_i 。企业根据两国的要素禀赋及成本权衡决定生产在两国的安排，即把 $[0,h]$ 阶段放在 G_1 ，把 $[h,1]$ 阶段放在 G_2 。其决定生产转移或外包的条件是，在临界生产阶段 h ，生产无论在 G_1 还是 G_2 进行，其成本相同。

二　模型推导

在临界生产阶段两国生产成本相同的条件可表示为：

$$w_1^S + hw_1^H + hr_1 = w_2^S + hw_2^H + hr_2 \qquad (5.1)$$

此时企业将 $[0,h]$ 阶段的生产从 G_2 转移到 G_1 以降低生产成本，则两国企业对非技术劳动力的需求为 hL_{S1} 和 $(1-h)L_{S2}$ ，对技术劳动力的需求分别为 $\int_0^h jL_{H1}dj = \frac{1}{2}h^2L_{H1}$ 和 $\int_h^1 jL_{H2}dj = \frac{1}{2}(1-h^2)L_{H2}$ ，对资本的需求分别为 $\int_0^h jK_1dj = \frac{1}{2}h^2K_1$ 和 $\int_h^1 jK_2dj = \frac{1}{2}(1-h^2)K_2$ ，则其生产总成本分别为：

$$C_1 = w_1^S hL_{S1} + \frac{1}{2}w_1^H h^2 L_{H1} + \frac{1}{2}r_1 h^2 K_1$$

$$C_2 = w_2^S(1-h)L_{S2} + \frac{1}{2}(1-h^2)L_{H2} + \frac{1}{2}(1-h^2)K_2 \qquad (5.2)$$

设企业的生产函数为 C–D 形式，则有：

$$Y_1 = A_1(hL_{S1})\lambda(h^2L_{H1})\mu(h^2K_1)1-\lambda-\mu$$

$$Y_2 = A_2(1-h)\lambda L_{S2}^\lambda(1-h^2)\mu(L_{H2})\mu(1-h^2)1-\lambda-\mu(\tfrac{K}{2})1-\lambda-\mu \qquad (5.3)$$

其中 Y 表示企业的总产出，并设两国的产品价格为 P_i ，则 G_1 企业最大化以下利润函数：

$$\pi_1 = Y_1P_1 - C_1 = P_1A_1(hL_{S1})\lambda(h^2L_{H1})\mu(h^2K_1)1-\lambda-\mu - $$

$$w_1^S hL_{S1} - \frac{1}{2}w_1^H h^2L_{H1} - \frac{1}{2}r_1 h^2K_1 \qquad (5.4)$$

为简化分析，令 $\lambda = \mu = 1/3$，并令 $P_1 = 1, P_2 = 2$ [①]，由利润最大化的一阶条件有：

$$\frac{2^{1/3}A_1 h^{5/3}L_{H1}^{1/3}K_1^{1/3}}{6L_{S1}^{2/3}} - w_1^S h = 0$$

$$\frac{2^{1/3}A_1 h^{5/3}L_{S1}^{1/3}K_1^{1/3}}{6L_{H1}^{2/3}} - \frac{1}{2}w_1^H h^2 = 0 \quad\quad (5.5)$$

$$\frac{2^{1/3}A_1 h^{5/3}L_{S1}^{1/3}L_{H1}^{1/3}}{6K_1^{2/3}} - \frac{1}{2}r_1 h^2 = 0$$

即：

$$w_1^S = \frac{2^{1/3}A_1 h^{2/3}L_{H1}^{1/3}K_1^{1/3}}{6L_{S1}^{2/3}}$$

$$w_1^H = \frac{2^{1/3}A_1 L_{S1}^{1/3}K_1^{1/3}}{3h^{1/3}L_{H1}^{2/3}} \quad\quad (5.6)$$

$$r_1 = \frac{2^{1/3}A_1 L_{S1}^{1/3}L_{H1}^{1/3}}{3h^{1/3}K_1^{2/3}}$$

同样对 G_2 的企业而言有：

$$w_2^S = \frac{2^{1/3}A_2(1-h)L_{H2}^{1/3}K_2^{1/3}}{3h(1+h)^{-2/3}L_{S2}^{2/3}}$$

$$w_2^H = \frac{2^{4/3}A_2 L_{S2}^{1/3}K_2^{1/3}}{3L_{h2}^{2/3}(1+h)^{1/3}} \quad\quad (5.7)$$

$$r_2 = \frac{2^{4/3}A_2 L_{S2}^{1/3}L_{H2}^{1/3}}{3K_2^{2/3}(1+h)^{1/3}}$$

由（5.1）式可得：

$$h = (w_2^S - w_1^S)/[(w_1^H - w_2^H) + (r_1 - r_2)] \quad\quad (5.8)$$

将（5.6）式和（5.7）式代入（5.8）式有：

---

① 唐海燕、张会清（2009）认为，跨国企业为了防止跨国差价套利行为，会统一产品的全球售价，即 $P_i = P$。但实际上这种假定并不合理，因为此时只有 G_2 生产并出售最终产品，G_1 国销售的是中间产品。此处假设两种价格的具体比例关系，并不影响下文分析结论。

$$h = \cfrac{\dfrac{A_2(1-h)}{3h(1+h)^{-2/3}}\left[\dfrac{L_{H2}}{L_{S2}}\cdot\dfrac{K_2}{L_{S2}}\right]^{1/3} - \dfrac{A_1 h^{2/3}}{6}\left[\dfrac{L_{H1}}{L_{S1}}\cdot\dfrac{K_1}{L_{S1}}\right]^{1/3}}{\dfrac{A_1}{3h^{1/3}}\left[\dfrac{L_{S1}}{L_{H1}}\cdot\dfrac{K_1}{L_{H1}}\right]^{1/3} - \dfrac{2A_2}{3(1+h)^{1/3}}\left[\dfrac{L_{S2}}{L_{H2}}\cdot\dfrac{K_2}{L_{H2}}\right]^{1/3} + \dfrac{A_1}{3h^{1/3}}\left[\dfrac{L_{S1}}{K_1}\cdot\dfrac{L_{H1}}{K_1}\right]^{1/3} - \dfrac{2A_2}{3(1+h)^{1/3}}\left[\dfrac{L_{S2}}{K_2}\cdot\dfrac{L_{H2}}{K_2}\right]^{1/3}}$$

$$(5.9)$$

令 $\dfrac{K_1}{L_{S1}} = \gamma_1$，$\dfrac{K_2}{L_{S2}} = \gamma_2$，$\dfrac{K_1}{L_{H1}} = \eta_1$，$\dfrac{K_2}{L_{H2}} = \eta_2$，则 γ_1 和 γ_2 代表 G_1 和 G_2 每单位非技术劳动力拥有的资本量，即劳均资本，而 η_1 和 η_2 则代表技术劳动力的劳均资本，因此：

$$h = \cfrac{\dfrac{A_2(1-h)}{h(1+h)^{-2/3}}\gamma_2(\eta_1\gamma_1)^{1/3} - \dfrac{A_1 h^{2/3}}{2}\gamma_1(\eta_2\gamma_2)^{1/3}}{\dfrac{A_1}{h^{1/3}}(\eta_1+1)(\gamma_2\eta_2)^{1/3} - \dfrac{2A_2}{(1+h)^{1/3}}(\eta_2+1)(\gamma_1\eta_1)^{1/3}} \quad (5.10)$$

上式是生产转移阶段 h 关于两国技术水平、两种劳均资本的隐函数，可通过求该隐函数的一阶偏导数来确定这些因素与生产转移阶段的关系，并进而可讨论发展中国家要素投入状况与对其承接发达国家的产业转移的影响，以及由此可能带来的技术溢出和产业升级。然而该分析中暗含的假定是发展中国家的技术和产业升级只能通过承接更高阶段的发达国家产业转移来实现，忽略了发展中国家如何通过自身努力来取得技术进步，进而实现产业升级的可能。承接高级的国际产业转移固然有利于接收国一定条件下的产业和技术水平的提升，如从 OEM（原始设备制造）到 ODM（原始设计制造）再到 OBM（原始品牌制造）的升级，但国际产业转移的过程往往被发达国家的跨国公司所主导，为了维护其垄断地位，跨国公司所转移的都是非核心技术和低附加值的生产环节，从而使承接国易于被"锁定"在价值链的底端而难以升级（黄先海、杨高举，2009）。因此，为了体现发展中国家自身的努力在其产业升级中的作用，进一步设 G_1 企业的技术进步取决于其自身技术进步和由产业转移带来的技术转移，在生产阶段 $j(j \in [0,1])$ 需要转让 $j\beta$ 的技术，则 $[0,h]$ 的产业转移共有 $\int_0^h j\beta dj = \dfrac{\beta}{2}h^2$ 的技术从 G_2 转向 G_1，即有：

$$A_1 = R + \frac{\beta}{2}h^2 \quad (5.11)$$

其中 R 表示 G_1 企业自我的研发投入所带来的技术进步，显然，均衡时企业单位投入用于研发和引进技术所产生的技术水平提升效应一致。由于本国技术进步的作用，此时所吸引的产业转移阶段大小和前文中的不完全一致，但为行文简便，仍以 h 表示。将（5.11）式代入企业利润最大化函数，可得：

$$h = \frac{\dfrac{A_2(1-h)}{h(1+h)^{-2/3}}\gamma_2(\eta_1\gamma_1)^{1/3} - \dfrac{(R+\beta h^2/2)h^{2/3}}{2}\gamma_1(\eta_2\gamma_2)^{1/3}}{\dfrac{R+\beta h^2/2}{h^{1/3}}(\eta_1+1)(\gamma_2\eta_2)^{1/3} - \dfrac{2A_2}{(1+h)^{1/3}}(\eta_2+1)(\gamma_1\eta_1)^{1/3}}$$

(5.12)

由此可解得：

$$R = -\frac{\beta\eta_2^{1/3}\gamma_2^{1/3}h^3(1+h)^{1/3}(\gamma_1+2\eta_1+2)+2A_2\eta_1^{1/3}\gamma_1^{1/3}((\gamma_2+2\eta_2+2)h^{7/3}-\gamma_2h^{1/3})}{\eta_2^{1/3}\gamma_2^{1/3}(1+h)^{1/3}h^2(\gamma_1+2\eta_1+2)}$$

(5.13)

进而有：

$$\partial R/\partial \beta = -h < 0 \qquad (5.14)$$

这表明一定条件下产业转移带来的技术引进和 G_1 企业的技术进步之间是相互替代的关系，即承接产业转移所需要的技术引进，对本国企业的技术进步具有挤出效应，亦即一味地依靠引进技术，不利于本国自主创新能力的提高。

以上分析只强调了产业转移和分工，没有涉及价值链的国际分布，即贸易利得在参与国之间的分配。同时，尽管一国在产品内分工中所处的生产阶段很大程度上代表了其在国际分工中的地位，但分布在企业层级的产业转移，如何进行准确度量是一个难题，文献中提到的出口商品结构的相似度（Export Similarity Index，ESI）指数（唐海燕、张会清，2009），因为难以解决"统计假象"问题而使度量的准确性值得商榷，[①] 因此，产业转移的分析框架对发展中国家向国际分工的高端地位迈进的借鉴意义有限，需要开拓新的分析思路与方法来突破以上局限。

无论何种分工与贸易模式，关键的是其贸易利得在参与国之间的分配，以及各国创造这些价值的效率，这两点从根本上决定了一国在国际分工与贸易中的地位。因此上文运用非竞争型投入产出表计算的单位出口品

---

① 即在计算 ESI 指数时，所用的出口数据仍然是包含了进口中间投入品价值，导致计算所得的指数出现"虚高"，对发展中国家而言，参与产品内分工的程度越深，"虚高"的情况就越严重。

的国内完全增加值率和劳动生产率并进行国际比较，可准确衡量一国的国际分工地位，其优点是，既能很好地解决产品内分工条件下仅关注出口总额所导致的"统计假象"问题，又适用于多层级的复杂分工状况，便于不同发展层次国家之间的相互比较。沿着这一思路，可在产业转移模型的基础上，计算单位出口品的国内增加值率和劳动生产率，用以准确衡量一国产品内分工条件下的国际分工地位。由于 G_1 处于生产链的下游，其生产需要从 G_2 进口高集成度的中间投入品，设生产阶段 $j(j \in [0,1])$ 需要从 G_1 进口的中间投入品价值为 $j\chi$，则 G_1 承接 $[0,h]$ 的产业转移总共需要从 G_2 进口 $\int_0^h j\chi dj = \frac{\chi}{2}h^2$ 的中间投入品 IM_1，则 G_1 单位产品的国内增加值率可表示如下：

$$DVA_1 = \frac{Y_1}{Y_1 + IM_1} = \frac{(R + \beta h^2/2)L_{S1}^{1/3}L_{H1}^{1/3}K_1^{1/3}}{(R + \beta h^2/2)L_{S1}^{1/3}L_{H1}^{1/3}K_1^{1/3} + 2^{-1/3}\chi h^{1/3}} \quad (5.15)$$

由此可得：

$$\frac{\partial DVA_1}{\partial h} = \frac{2^{2/3}\chi(5\beta h^2 - 2R)L_{S1}^{1/3}L_{H1}^{1/3}K_1^{1/3}}{3h^{2/3}((2R + \beta h^2)L_{S1}^{1/3}L_{H1}^{1/3}K_1^{1/3} + 2^{2/3}\chi h^{1/3})^2}$$

$$\frac{\partial DVA_1}{\partial R} = \frac{2^{5/3}\chi h^{1/3}L_{S1}^{1/3}L_{H1}^{1/3}K_1^{1/3}}{((2R + \beta h^2)L_{S1}^{1/3}L_{H1}^{1/3}K_1^{1/3} + 2^{2/3}\chi h^{1/3})^2} > 0$$

$$\frac{\partial DVA_1}{\partial L_{S1}} = \frac{2^{2/3}\chi h^{1/3}(2R + \beta h^2)L_{H1}^{1/3}K_1^{1/3}}{3L_{S1}^{2/3}((2R + \beta h^2)L_{S1}^{1/3}L_{H1}^{1/3}K_1^{1/3} + 2^{2/3}\chi h^{1/3})^2} > 0 \quad (5.16)$$

$$\frac{\partial DVA_1}{\partial L_{H1}} = \frac{2^{2/3}\chi h^{2/3}(2R + \beta h^2)L_{H1}^{1/3}K_1^{1/3}}{3L_{H1}^{2/3}((2R + \beta h^2)L_{S1}^{1/3}L_{H1}^{1/3}K_1^{1/3} + 2^{2/3}\chi h^{1/3})^2} > 0$$

$$\frac{\partial DVA_1}{\partial K_1} = \frac{2^{2/3}\chi h^{2/3}(2R + \beta h^2)L_{S1}^{1/3}L_{H1}^{1/3}}{3K_1^{2/3}((2R + \beta h^2)L_{S1}^{1/3}L_{H1}^{1/3}K_1^{1/3} + 2^{2/3}\chi h^{1/3})^2} > 0$$

当 $h > \left(\frac{2R}{5\beta}\right)^{1/2}$ 时，$\frac{\partial DVA_1}{\partial h} > 0$，表明当产业转移的阶段超过一定门限值后，其进一步提高将有利于增进发展中国家产品的国内增加值率，即产业转移的阶段对国内增加值率的提高作用具有门槛效应。同时，技术进步、技术劳动力、非技术劳动力和资本的增加，都将促进国内增加值率的提高。产业转移和要素投入具有不同的作用条件，是由于产业转移阶段提高后，一方面会通过增加国内产出来提高国内增加值率，另一方面又会通过增加进口中间投入品价值而拉低国内增加值率，两种相反作用力的总效应会在门槛值两侧发生变化——由负向效应变为正向效应，而国内技术进步和要素投入的增加则会促进国内产出的提高和要素总报酬的增加，自然有利于国内增加值率的提高。进一步由（5.16）式可得：

$$\frac{\partial^2 DVA_1}{\partial h \partial R} = \frac{2^{5/3}\chi((2R - 11\beta h^2) - 2^{2/3}\chi h^{1/3})L_{S1}^{1/3}L_{H1}^{1/3}K_1^{1/3}}{3h^{2/3}((2R + \beta h^2)L_{S1}^{1/3}L_{H1}^{1/3}K_1^{1/3} + 2^{2/3}\chi h^{1/3})^3}$$

$$\frac{\partial^2 DVA_1}{\partial L_{S1} \partial R} = \frac{2^{7/3}\chi h^{2/3}L_{H1}^{1/3}K_1^{1/3} - 2^{5/3}\chi^2 h^{1/3}(2Rh^{1/3} + \beta h^{7/3})L_{S1}^{1/3}L_{H1}^{2/3}K_1^{2/3}}{3L_{S1}^{2/3}((2R + \beta h^2)L_{S1}^{1/3}L_{H1}^{1/3}K_1^{1/3} + 2^{2/3}\chi h^{1/3})^3}$$

$$\frac{\partial^2 DVA_1}{\partial L_{H1} \partial R} = \frac{2^{7/3}\chi h^{2/3}L_{S1}^{1/3}K_1^{1/3} - 2^{5/3}\chi^2 h^{1/3}(2Rh^{1/3} + \beta h^{7/3})L_{S1}^{2/3}L_{H1}^{1/3}K_1^{2/3}}{3L_{S1}^{2/3}((2R + \beta h^2)L_{S1}^{1/3}L_{H1}^{1/3}K_1^{1/3} + 2^{2/3}\chi h^{1/3})^3}$$

$$\frac{\partial^2 DVA_1}{\partial K_1 \partial R} = \frac{2^{7/3}\chi h^{2/3}L_{S1}^{1/3}L_{H1}^{1/3} - 2^{5/3}\chi^2 h^{1/3}(2Rh^{1/3} + \beta h^{7/3})L_{S1}^{2/3}L_{H1}^{2/3}K_1^{1/3}}{3K_1^{2/3}((2R + \beta h^2)L_{S1}^{1/3}L_{H1}^{1/3}K_1^{1/3} + 2^{2/3}\chi h^{1/3})^3}$$

（5.17）

当 $2R - 11\beta h^2 > 2^{2/3}\chi h^{1/3}$ 且 $\chi(2R + \beta h^2) > 2^{5/3}/L_{S1}^{1/3}L_{S1}^{1/3}K_1^{1/3}$ 时，有 $\frac{\partial^2 DVA_1}{\partial h \partial R} > 0$、$\frac{\partial^2 DVA_1}{\partial L_{S1} \partial R} > 0$、$\frac{\partial^2 DVA_1}{\partial L_{H1} \partial R} > 0$ 和 $\frac{\partial^2 DVA_1}{\partial K_1 \partial R} > 0$，表明一定条件下，本国技术进步对国内增加值率的提高还具有间接促进作用，即通过提高产业转移、要素投入对国内增加值率的作用弹性而促进其进一步提高。

同时，G_1 的企业劳动生产率可表示为：

$$prod_1 = \frac{Y_1}{hL_{S1} + h^2 L_{H1}/2} = \frac{2^{1/3}(R + \beta h^2/2)h^{2/3}L_{S1}^{1/3}L_{H1}^{1/3}K_1^{1/3}}{2L_{S1} + hL_{H1}}$$

（5.18）

由此可得：

$$\frac{\partial prod_1}{\partial h} = \frac{2^{1/3}(8\beta h^2 L_{S1} + 5h^3\beta L_{H1}/2 + 4RL_{S1} - RhL_{H1})}{3(2L_{S1} + hL_{H1})^2 h^{1/3}(L_{S1}L_{H1}K_1)^{-1/3}}$$

$$\frac{\partial prod_1}{\partial R} = \frac{2^{1/3}h^{2/3}L_{S1}^{1/3}L_{H1}^{1/3}K_1^{1/3}}{2L_{S1} + hL_{H1}} > 0$$

$$\frac{\partial prod_1}{\partial L_{S1}} = \frac{(2R + \beta h^2)(hL_{H1} - 4L_{S1})h^{2/3}L_{H1}^{1/3}K_1^{1/3}}{2^{2/3}3L_{S1}^{2/3}(2L_{S1} + hL_{H1})^2}$$

$$\frac{\partial prod_1}{\partial L_{H1}} = \frac{2^{1/3}(2R + \beta h^2)(L_{S1} - hL_{H1})h^{2/3}L_{S1}^{1/3}K_1^{1/3}}{3L_{H1}^{2/3}(2L_{S1} + hL_{H1})^2}$$

$$\frac{\partial prod_1}{\partial K_1} = \frac{(2R + \beta h)h^{2/3}L_{S1}^{1/3}L_{H1}^{1/3}}{2^{2/3}3K_1^{2/3}(2L_{S1} + hL_{H1})} > 0 \qquad （5.19）$$

当 $h \cdot L_{H1} < L_{S1}$ 时，有 $\dfrac{\partial\ prod_1}{\partial\ h} > 0$ $\dfrac{\partial\ prod_1}{\partial\ L_{S1}} < 0$、$\dfrac{\partial\ prod_1}{\partial\ L_{H1}} > 0$ 和 $\dfrac{\partial\ prod_1}{\partial\ K_1} >$

0，对于发展中国家而言，一般是非技术劳动力丰裕而技术劳动力缺乏，即 $L_{H1} < L_{S1}$，且 $h \in [0,1]$，因此该条件不难满足。这表明承接更高阶段的产业转移、增加技术进步和资本投入以及人力资本积累，都能提高发展中国家的劳动生产效率，而增加非技术劳动力则不利于提高生产效率。由（5.19）式进一步可得：

$$\frac{\partial^2 prod_1}{\partial h \partial R} = \frac{2^{1/3}(4L_{S1} - hL_{H1})L_{S1}^{1/3}L_{H1}^{1/3}K_1^{1/3}}{3h^{1/3}(2L_{S1} + hL_{H1})^2}$$

$$\frac{\partial^2 prod_1}{\partial L_{S1} \partial R} = \frac{2^{1/3}(hL_{H1} - 4L_{S1})h^{2/3}L_{H1}^{1/3}K_1^{1/3}}{3L_{S1}^{2/3}(2L_{S1} + hL_{H1})^2}$$

$$\frac{\partial^2 prod_1}{\partial L_{H1} \partial R} = \frac{2^{4/3}(L_{S1} - hL_{H1})h^{2/3}L_{S1}^{1/3}K_1^{1/3}}{3L_{S1}^{2/3}(2L_{S1} + hL_{H1})^2} \qquad (5.20)$$

$$\frac{\partial\ prod_1}{\partial K_1 \partial R} = \frac{h^{5/3}L_{S1}^{1/3}L_{H1}^{1/3}}{2^{2/3}3K_1^{2/3}(2L_{S1} + hL_{H1})} > 0$$

同样在 $h \cdot L_{H1} < L_{S1}$ 时有 $\dfrac{\partial^2 prod_1}{\partial h \partial R} > 0$、$\dfrac{\partial^2 prod_1}{\partial L_{S1} \partial R} < 0$、$\dfrac{\partial^2 prod_1}{\partial L_{H1} \partial R} > 0$ 和

$\dfrac{\partial^2 prod_1}{\partial K_1 \partial R} > 0$，表明本国技术水平的提升，对本国企业生产效率的提高也具有间接促进作用，即通过提高产业转移、人力资本和物质资本投入对生产效率的作用弹性而促进其进一步提升。

小　结

以上分析有一个很重要的暗含假定是，发展中国家通过承接发达国家的产业转移而自动参与到全球分工之中。显然这是一个很强的假定，因为参与到全球分工体系之中是一个从无到有的"跳跃"过程，不大可能无障碍地自动获得，而发达国家的产业转移为此提供了良好的机会。因而发达国家的产业转移对发展中国家参与国际分工、提升国际分工地位具有"嵌入"效应，即助其实现突破的作用。同时根据前文分析，一国产业的国际分工地位可用其单位出口品的国内增加值和生产率衡量，综合以上分析可有如下结论：国内技术进步、人力资本和物质资本的积累，以及承接生产转移等都有

助于提高一国的国际分工地位，而非技术劳动力对国际分工地位的作用具有不确定性；并由此可推论：由于技术进步对国际分工地位的直接和间接双重作用，将是所有影响因素中的关键。

第六章

高技术产业国际分工地位升级
影响因素：实证检验

第五章的分析命题有待进行基于统计数据的实证检验。考虑到（5.16）式和（5.19）式的具体形式，采用对数形式进行计量检验：

$$Ln(ISS) = \alpha_0 + \alpha_1 Ln(L_S) + \alpha_2 Ln(L_H) + \alpha_3 Ln(K) +$$
$$\alpha_4 Ln(K^{'}) + \alpha_5 Ln(R) + \varepsilon \tag{6.1}$$

式中，ISS 表示产品内分工条件下的国际分工地位，ε 为随机扰动项。下文分别以跨国面板数据和中国跨区域面板数据进行实证分析。

第一节　跨国数据实证检验

一　数据及处理

从 OECD. Stat 数据库收集了爱沙尼亚、阿根廷、巴西、波兰、俄罗斯、墨西哥、南非、捷克、斯洛伐克、斯洛文尼亚、土耳其、印度、印度尼西亚和中国高技术产业的相关数据，构成了 14 个国家 14 个年份（1995—2008）的 "面板数据集 1"。[①] 从 OECD Input-Output Database（2009）获得以上 14 国 1995 年、2000 年和 2005 年的非竞争型投入产出表，根据黄先海、杨高举（2010）的方法，计算单位高技术产品出口的国内完全增加值率，以之乘以从 OECD. Stat 数据库 STAN Bilateral Trade 中获得的基于 ISIC3 分类法的

---

① 所获得数据只有这 14 个国家的能满足相关计算要求。由于包括了主要的发展中国家，具有较好的代表性。

高技术产品出口值，[①] 得到高技术产业出口部门的国内完全增加值，以 1 减去通过投入产出表计算得到的国内完全就业系数，再乘以出口额得到高技术产业出口部门的劳动生产率，国内完全增加值和劳动生产率相加以衡量一国高技术产业的国际分工地位（ISS）；劳动力数据来自 OECD. Stat 中的 STAN Database for Structural Analysis 项下的高技术产业从业人员总数，并以 OECD. Stat 中 Educational Personnel 项下总体劳动力中高中以上学历人员的比例乘以高技术产业的从业人员总数，得到技术劳动力的数量（L_H），则非技术劳动力（L_S）等于从业人员总数减去技术劳动力的数量；由于缺乏各国基期资本存量数据，因而无法采用永续盘存法推算样本期内高技术产业的资本投入量（K），以各国相应的固定资本形成量代替；如前文所述，无法对产业转移的阶段及其带来的技术引进进行准确衡量，因此以 FDI（K'）的数据进行间接度量，[②] 该数据来自 OECD. Stat 中的 Foreign Direct Investment Statistics 项，该数据根据 ISIC3 进行分类，选取其中与五分法对应的高技术产业部分；对技术进步采用比较通用的专利授权数进行衡量，该数据来自 OECD. Stat 中的 Directorate for Science，Technology and Industry 项；有关中国的在 OECD. Stat 数据库中没有的数据均来自《中国高技术产业统计年鉴》1995—2009 年各期。

为分析中国高技术产业国际分工地位升级的内部影响因素，将中国高技术产业 1995—2008 年按五分法划分的五个子行业数据，作为"面板数据集 2"进行实证分析。其中国际分工地位的衡量与上文类似；劳动力、资本和技术进步的数据来自《中国高技术产业统计年鉴》1995—2009 年各期，劳动力为五个子行业的全部从业人员平均数，并采用上文的方法得到技术与非技术劳动力的数量，资本同样以固定资产年增加值代表，以和上文的数据保持一致，便于后文的比较分析。由于无法直接获得流入中国的细分产业的 FDI 数据，因此以高技术产业五个子行业中三资企业投资额所占比例乘以高技术产业总体 FDI 流入而得。两组面板数据的描述性统计量见表 6.1。

---

① 由于只能计算得到三个年份的完全增加值率数据，因而以 1995 年的完全增加值率乘以 1995—1999 年的出口值，其余类推。

② 由于产品内分工的发展，流入发展中国家的 FDI 大多是与产业转移相伴随的，因此二者在一定程度上能相互体现。

表 6.1 　　　　　　　　　　　　数据的描述性统计量

项目 变量	面板数据集 1					面板数据集 2				
	均值	最大值	最小值	方差和	样本量	均值	最大值	最小值	方差和	样本量
$\log\,(ISS)$	22.68	29.33	16.66	902.79	196	15.49	18.62	11.78	209.43	70
$\log\,(L_S)$	11.09	13.04	9.37	73.03	196	9.36	10.67	8.69	14.69	70
$\log\,(L_H)$	10.53	12.72	8.21	147.39	196	8.14	10.09	6.67	45.19	70
$\log\,(k)$	19.72	26.04	9.17	238.96	196	8.15	10.04	6.66	41.99	70
$\log\,(k')$	10.24	16.30	5.70	590.95	196	5.84	7.63	3.70	83.85	70
$\log\,(R)$	6.72	9.36	1.66	147.78	196	6.84	10.35	2.30	124.79	70

　　资料来源："OECD. Stat 数据库"和"国研网数据库"，以及《中国高技术统计年鉴》1995—2009 年各期。

二　实证结果讨论

　　在就两组面板数据进行回归分析之前，首先需要对数据的平稳性进行检验，结果表明较多的数据存在一阶单位根（见表6.2），但都通过了1%置信水平下的协整检验（见表6.3），因此就这些面板数据进行回归分析可以排除伪回归的问题。根据高铁梅（2006）处理面板数据的方法，对四个模型的具体形式进行检验，即分别计算 F_1 和 F_2，结果表明四个模型中 F_1 都小于1%置信度下的临界值（见表7.4），而 F_2 则大于相应的临界值，因此应选择变截距模型。然后，先进行一次截面和时期的随机效应模型回归，然后利用 EViews 提供的 Hausman 检验功能进行固定效应或随机效应检验，结果表明两组数据在5%的置信水平下都不能拒绝随机效应的原假设（表6.4），因此应选择随机效应模型。此外，为了避免序列的自相关和异方差导致的回归结果偏误，在 EViews 6 中选择 Cross-Section SUR 就（7.21）式进行两组面板数据的广义最小二乘（GLS）回归，[①] 以尽可能提高估计的可靠程度，结果见表6.5。

---

　　① 高铁梅（2006：125）指出，计量分析的"一般经验做法是，可以不对原模型进行异方差检验和序列相关检验，而是直接选择广义最小二乘法。如果确实存在异方差性和序列相关性，则被有效地消除；如果不存在，则广义最小二乘法等价于普通最小二乘法"。

表 6.2 数据各序列的平稳性检验

项目 序列	面板数据集 1			面板数据集 2		
	ADF	P 值	是否平稳	ADF	P 值	是否平稳
log（ISS）	− 0.764	0.223	否	− 2.006	0.022	是
log（L_S）	1.181	0.881	否	0.404	0.657	否
log（L_H）	− 1.576	0.057	否	0.689	0.755	否
log（K）	− 12.343	0.000	是	− 1.800	0.036	是
log（K'）	− 0.545	0.292	否	1.183	0.882	否
log（A）	0.746	0.997	否	1.329	0.908	否
Δlog（L_S）	− 1.681	0.046	是	− 4.860	0.000	是
Δlog（L_H）	− 3.141	0.001	是	− 4.364	0.000	是
Δlog（K'）	− 1.318	0.094	是	− 6.901	0.000	是
ΔLog（R）	− 3.327	0.000	是	− 6.784	0.000	是

资料来源：同表 6.1。

说明：Δ 表示一阶差分。限于篇幅，未报告常数项和趋势项状况。

表 6.3 面板数据的协整检验

检验方法	Statistic	Prob.
面板数据集 1		
Panel PP – Statistic	− 12.325	0.000
Panel ADF – Statistic	− 10.901	0.000
面板数据集 2		
Panel PP – Statistic	− 4.586	0.000
Panel ADF – Statistic	− 3.829	0.004

资料来源：同表 6.1。

表 6.4 模型形式设定检验

项目	面板数据集 1	面板数据集 2
F_1	24.653 > F（65，112）	51.09 > F（20，40）
F_2	1.437 < F（78，112）	2.554 < F（24，40）
结论	变截距模型	变截距模型
固定效应/随机效应 Hausman 检验		
Chi-Sq. Statistic	11.23	9.09
Chi-Sq. d. f.	5	5
Prob.	0.072	0.111
结论	随机效应	随机效应

资料来源：同表 6.1。

　　表6.5的估计结果与模型分析结论保持一致，各变量的回归系数的正负都与理论预期一致。具体而言，在跨国数据回归中，非技术劳动力（L_S）投入的增加对国际分工地位的提升作用较小，弹性系数约为0.071，而在中国数据的回归中其弹性系数则要高得多，达到了0.334，这或许是由于中国高技术产品的生产中大量使用非技术劳动力所致；在两组数据的回归中，技术劳动力（L_H）投入的增加对高技术产业国际分工地位的提升作用比较接近，弹性分别约为0.389和0.371，表明人力资本的积累对于提升一国高技术产业的国际分工地位有显著的正向作用；国内资本的弹性系数在跨国数据中的回归中也都为正，其弹性系数其绝对值与技术劳动力较为接近，表明促进以高研发投入为特征的高技术产业发展过程中，资金投入和人力资本同样重要，这与唐海燕、张会清（2009）认为人力资本是促进发展中国家价值链地位提升的关键有差异，这可能是由于研究方法和研究对象的不同所致。此外，跨国数据中资本的弹性系数要远大于中国的数据，而且在中国数据的回归结果中其系数不具有统计显著性，这可能是中国资本利用效率较低（李文军，2002；汪璐，2006）所致。FDI（K'）在两组数据的回归中弹性系数比较接近，几乎都是所有弹性系数中最小的，且都不具有统计显著性，显示出高技术产业中FDI的流入并未在发展中国家产生显著的溢出效应，表明依赖于外资以及产业转移来促进本国高技术产业国际分工地位升级的政策可能最终会事与愿违。平新乔（2007）以第一次全国经济普查的数据分析发现，FDI对中国企业缩小与国际先进技术水平之间的差距并无显著作用，反而外资进入会妨碍内资企业通过研发自主创新以缩小与国际先进水平之间差距的努力，以市场换技术的战略并不像人们预期的那样进展顺利。同时范承泽、胡一帆和郑红亮（2008）、蒋殿春和张宇（2008）、路江涌（2008）等人的研究也发现FDI在中国的溢出效应并不显著，甚至是显著为负的。这些研究发现在一定程度上可与上文的结论相印证；与FDI的情况此相反，本国技术进步在促进高技术产业国际分工地位升级中的作用明显要强得多，而且显著性非常高（远高于1%的水平），其弹性系数在两组数据中都是最大的，可能是因为技术进步对高技术产业国际分工地位提升具有直接和间接的双重作用（推论），表明增加国内研发投入、增强自主创新能力，以及提高本国的技术水平，才是提升发展中国家高技术产业国际分工地位的关键。

表 6.5   变截距模型回归结果

变量	跨国数据	中国数据
C	1. 510	6. 531
log（L_S）	0. 071 ** (5. 320)	0. 334 * (3. 216)
log（L_H）	0. 389 ** (3. 006)	0. 371 ** (3. 591)
log（K）	0. 555 ** (3. 425)	0. 213 (0. 961)
log（K'）	0. 050 (0. 613)	0. 041 (1. 623)
log（R）	0. 614 ** (5. 691)	0. 397 ** (4. 832)
A-R^2	0. 921	0. 903
D-W	0. 727	0. 784
F	329. 285	283. 979

　　说明：标 * 和 * * 分别表示 1% 和 5% 的置信水平，括号中为 t 检验值，未报告跨截面的截距。

　　对比两组数据回归结果中的弹性系数可发现，中国的技术进步对其国际分工地位的作用的远低于 14 个国家数据回归中的水平，表明中国的技术进步和资本积累一样，都未能发挥提升高技术产业国际分工地位的应有作用。其中的原因可能是，中国高技术产业研发经费和科技人员的投入大量集中在低效率的国有部门，尽管国有企业拥有的科技活动经费和科技活动人员从 1995 年占总体的 68% 和 86%，下降到 2005 年的 38% 和 50%，再到 2008 年的 28% 和 33%，但仍占 1/3 左右，而三个年份中其产值占总体的比例分别仅为 37% 、16% 和 11%。[1] 由于国有企业缺乏市场激励机制，其研发投入的技术产出效率和技术成果的转化率都不如其他市场化的企业，导致其研发投入产出效率的低下，并从整体上拉低了其对中国高技术产业国际分工地位的提升作用。

---

　　①　根据 2009 年《中国高新技术产业统计年鉴》计算。

第二节　区域数据实证检验

一　数据及处理

考虑到前文分析得到 DVAPC 指标仅是相对指标——满足最终需求（出口）的产品生产过程中单位劳动力所能创造的国内完全增加值——不能从规模方面反映不同区域在国际分工地位中的差异，因此进一步以该指数乘以高技术产业出口部门的就业数，得到从规模方面反映省市高技术产业国际分工地位差异的值，即出口部门的劳动力投入所创造的国内完全增加值总额（Scale of Domestic Value-Added，SDVA）。由于无法直接得到高技术出口部门所投入的劳动力数量，以高技术产品出口值占总产值的比例乘以其总劳动力投入量来衡量。与 *DVAPP* 指标衡量的结果相比（见图6.1），尽管各领先省市的排名次序有所变化，但总体上仍是东部省市领

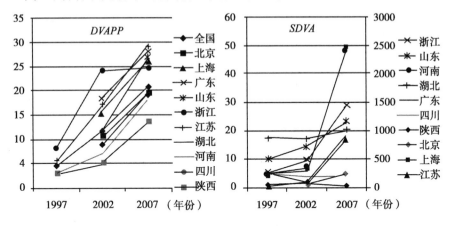

图6.1　全国及代表性省市高技术产业 DVAPP 指标和 SDVA 指标

先于中西部省份，表明两方面具有一定的一致性。因此以 *SDVA* 指数来衡量各地区高技术产业国际分工地位。同时，依照前文分析国际分工地位升级的影响因素的方法，从《中国高技术产业统计年鉴》1996—2009 年各期中选择代表性省市高技术产业的技术劳动力投入（科技活动人员中科学家和工程师数，L_H）、非技术劳动力投入（从业人员年平均人数减去科学家和工程师数，L_S）、资本投入（新增固定资产投资额，K）、研发投入（R&D 经费内部支出，R）和技术引进支出额（*TI*）1995—2008 年的数据

（描述性统计见下表6.6），对代表性省市高技术产业国际分工地位进行计量分析。

首先进行数据的稳定性和模型形式检验，结果表明数据存在协整关系（见表6.7），应选择变截距的随机效应进行估计（见表6.8）。

表6.6　　　　　　　各变量对数的描述性统计

项目	均值	最大值	最小值	标准差	样本量	截面数
log（SDVA）	2.723	7.813	-1.514	1.888	140	10
log（LS）	9.396	13.734	5.629	1.678	140	10
log（LH）	5.941	10.051	2.082	1.615	140	10
log（K）	3.770	6.819	0.916	1.240	140	10
log（TI）	9.705	12.774	6.211	1.478	140	10
log（R）	11.103	14.404	7.731	1.403	140	10

资料来源：基于《中国高技术产业统计年鉴》1996—2009年各期计算。

表6.7　　　　　　　各序列的平稳性检验

项目	常数项	趋势项	ADF	P值	是否平稳
log（SDVA）	有	有	12.155	0.911	否
log（LS）	有	有	16.273	0.700	否
log（LH）	有	无	14.816	0.787	否
log（K）	有	有	4.835	1.000	否
log（TI）	有	有	35.982	0.016	是
log（R）	无	有	29.416	0.080	否
Δlog（SDVA）	有	有	56.211	0.000	是
Δlog（LS）	有	有	53.550	0.000	是
Δlog（LH）	有	无	78.350	0.000	是
Δlog（K）	有	有	95.129	0.000	是
Δlog（R）	有	有	120.055	0.000	是

资料来源：同表6.6。

表6.8　　　　　　　模型设定形式检验

协整检验			模型形式检验		Hausman检验	
检验方法	Statistic	Prob.	F1	$19.939 > F（54，80）$	Chi-Sq. Statistic	11.23
Panel PP	-2.908	0.003	F2	$1.451 < F（45，80）$	Prob.	0.072
Panel ADF	-2.598	0.007	结论	变截距	结论	随机效应

资料来源：同表6.6。

二　实证结果讨论

表6.9回归结果表明，除了技术引进支出外，其余因素都对高技术产业省际国际分工地位具有显著的提升作用，系数都在5%的水平上显著，表明这些因素的增进带来了中国区域高技术产业国际分工地位的提高。其中作用最为明显的是非技术劳动力的投入，其次是技术劳动力、资本及研发投入。这与前文跨国数据分析以及中国高技术五个子行业的数据分析结果有较大差异，除了数据的不同可能导致的结果差异外，另一个可能重要的原因是中国大量的加工贸易对非技术劳动力的使用在省区之间的巨大差异：先行开放的东部地区通过吸纳大量的非技术劳动从事电子等高技术产品的生产，以开展加工贸易，尔后开放的中西部地区从事高技术产品生产的非技术劳动力数量相对稳定，这种非技术劳动力在高技术产业的投入的区域差异远远大于在五个子行业间的差异，所以才导致了这样的结果。实际上，表6.5中国数据的结果中非技术劳动力的系数和其他要素的系数非常接近就能反映出五个子行业间的差异也很明显，但与表6.9的结果相比较可知，区域间的差距更大。

表6.9　　　　　　　　　　　　回归结果

变量	系数	t 值	P 值
C	− 6.894	− 12.554	0.000
log（LS）	0.769	9.491	0.000
log（LH）	0.210	2.586	0.011
log（R）	0.297	3.502	0.014
log（TI）	0.039	1.321	0.189
log（K）	0.127	2.830	0.005
A-R^2	0.879		
D-W	1.727		
F	196.104		

资料来源：同表6.6。

说明：未报告跨截面的截距。

进一步借鉴区域经济差距的研究方法，计算省市高技术产业国际分工地位差异的规模指数对数值的标准差，即 σ - 收敛指数，该指数如果趋于下降，则表示区域差异缩小，否则差距扩大。图6.1分别给出了所选省市总体、东部地区和中西部地区的 SDVA 指数的 σ - 收敛，由此可看出无论总体上还是两大区域内部，在进入 21 世纪之前都表现出一定的收敛趋势，但之后则转而表现出明显的加速趋异趋势，表明整体差距和区域内部差距都在扩大，而且东部地区的 σ - 收敛指数值和变动趋势和全国整体几乎一致，而且其绝对差异明显高于中西部地区。

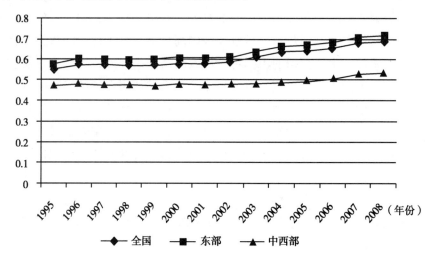

图 6.2   DVAPP 的 σ - 收敛指数

资料来源：同表 6.6。

图 6.2 表明，全国总体的高技术产业各要素投入的区域差异与国际分工地位的区域差异都呈增大趋势。进一步以各要素投入的 σ - 收敛指数和 SDVA 的 σ - 收敛指数进行回归分析（结果见表 6.10），发现只有技术引进的差异的影响不具有显著性，其他因素则都有不同程度的显著影响，显著性水平都在 5% 以上，其中非技术劳动力差异的影响系数最大，其次是资本投入差异，再次是技术劳动力、研发投入以及资本。这表明中国高技术产业国际分工地位在区域间的差异一定程度上主要是由非技术劳动力投入的差异所致，技术劳动力和研发投入的作用居其次。这在一定程度上与中国高技术产业大多是通过加工贸易参与全球产品内分工，所从事的生产仍有很多是劳动密集型的环节有关。科技部的数据显示，中国从 2001 年到 2008 年出口的高技术产品中，超过 80% 是通过进料加工和来料加工装配贸易实现的，而且平均有超过 60% 的出口是外商独资企业完成的（图 4.5、图 4.6）。但由非技术劳动力在区域差异中

的显著作用也可以看出，中国各区域高技术产业在国际分工中表现的差距是低水平的差距，不存在像中国与发达国家之间那样的技术和价值链的鸿沟。

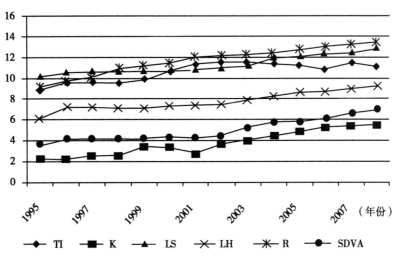

图 6.3　各要素投入的 σ - 收敛指数

表 6.10　　　　　　　　　各要素投入的 σ - 收敛指数回归结果

变量	系数	t 值	P 值
C	-4.750	-11.679	0.000
σ - TI	0.087	0.877	0.406
σ - K	0.023	2.837	0.042
σ - LS	0.537	10.190	0.000
σ - LH	0.127	2.940	0.029
σ - R	0.122	3.238	0.051
$A - R^2$	0.879		
$D - W$	1.727		
F	196.104		

资料来源：同表 6.6。

小　结

本章基于前文提出的高技术产业国际分工地位升级的理论框架，分别以跨国、中国五个子行业和代表性省区的面板数据进行了实证检验，结果表明理论分析和实证分析具有较好的一致性：本国的研发投入、物质资本和人力资本的积累，是推动发展中国家高技术产业升级的根本动力，但中国的研发投入和资本积累未能发挥应有的作用。

第七章

中国高技术产业国际分工地位
升级：路径选择

前文第五、六章的分析表明，发展中国家高技术产业国际分工地位升级的关键影响因素是国内技术水平。发展中国家的技术进步可通过自身技术研发积累和学习发达国家的技术两种途径来实现，而且这两种方式也难以截然分开。但前文未对两种方式的互动关系作进一步的考察，也没有考虑企业之间的相互竞争对技术溢出和技术吸收能力以及自我技术研发积累的影响。因此下文在 Bowley（1924）产品差异模型的基础上，引入产品内分工下的产业转移，探讨发达国家的产业转移及其技术溢出、发展中国家的技术吸收能力与本国技术研发积累对其技术水平提升的互动作用机理，借此探索发展中国家高技术产业国际分工地位升级的路径选择。

第一节　模型分析

一　基本假定

同第五章的设定，仍假定只有一个发展中国家和一个发达国家，且发展中国家只有两个企业 S_1 和 S_2，发达国家有两个企业 N_1 和 N_2，两国的企业合作生产过程可分割为 $[0,1]$ 阶段的产品，合作的方式是其中的 $[h,1]$ 阶段的生产在发达国家完成，然后出口中间产品到发展中国家，由发展中国家的企业完成 $[0,h]$ 阶段的生产。并假定 S_1 和 N_1 达成合作协议，S_2 和 N_2 达成另一份合作协议，两个合作相互独立进行。发展中国家的生产对进口中间产品的需求则取决于其产量，则发达国家企业出口中间产品所能获得的利润就取决于与之合作的发展中国家企业的产出。为简化分析，设发达国家企业出口中间产品的利润与发展中国家产出成简单线性关系：$\pi_{n1} = e_1 q_1$，$\pi_{n2} = e_2 q_2$。并设发展中国家企业面临的反需求函数是 Bowley 形式：$p_1 = a - d(q_1 + \theta q_2)$，$p_2 = a - d(q_2 + \theta q_1)$，其中 $a, d > 0$，$0 < \theta \leqslant 1$ 为产品差异系数，θ 越小产品差异越大，并假定产品的差异程度取决于 N_1 和 N_2。

同样假定发展中国家可通过自身技术研发积累和学习发达国家的技术两个方面来提高自身技术水平，并且技术进步的表现是降低其生产成本，为分析的简洁，假定其边际成本为：$c_1 = c_0 - \lambda h_1$，$c_2 = c_0 - \lambda h_2$，该成本函数表示由于发展中国家接受来自发达国家的产业转移后，通过学习和模仿产生技术溢出效应（技术吸收），使企业生产成本降低，c_0 为发展中国家自身技术研发带来的技术进步的积累，可称为本国技术研发积累，h 为产业转移的阶段，λ 可视为技术吸收能力。此时企业 S_1 和 S_2 的利润可表示为：$\pi_1 = (a - (c_0 - \lambda h_2) - d(q_1 + \theta q_2)) q_1$，$\pi_2 = (a - (c_0 - \lambda h_1) - d(q_2 + \theta q_1)) q_2$，则二者的产量最优反应函数方程为：$2q_1 + \theta q_2 = \dfrac{a - (c_0 - \lambda h_1)}{d}$，$\theta q_1 + 2q_2 = \dfrac{a - (c_0 - \lambda h_2)}{d}$。

二　模型推导

I. 先考虑产品无差异的情形，即 $\theta = 1$。

（ I - I ）当 N_1 和 N_2 不合谋，而是相互竞争，即 $h_1 \neq h_2$ 时，不失一般性，假设 $h_1 > h_2$，即 $c_1 < c_2$，具有成本优势的企业 1 只需要将价格设定为比企业 2 稍低，即可占领整个市场，即 $p_1 = c_2 - \varepsilon = c_0 - \lambda h_2 - \varepsilon$（$\varepsilon \rightarrow 0$），此时有：

$$q_1 = \frac{a - c_0 + \lambda h_2 + \varepsilon}{2d} \tag{7.1}$$

$$\pi_1 = \frac{(a - c_0 + \lambda h_2 + \varepsilon)^2}{4d} \tag{7.2}$$

此时，S_1 将获得超额利润 $\dfrac{(a - c_0 + \lambda h_2 + \varepsilon)^2}{4d}$，由于该利润不受 h_1 的影响，意味着 S_1 没有动力寻求从 N_1 产业转移阶段的提高，但因为 $\dfrac{\partial \pi_1}{\partial \lambda} = \dfrac{(a - c_0 + \lambda h + \varepsilon) h}{2d} > 0$，所以 S_1 有很强的动力通过提高学习和模仿先进技术的能力来增加利润。N_1 则因为 S_1 的产出为 $\dfrac{a - c_0 + \lambda h_2 + \varepsilon}{2d}$，没有向

S_1 转移更高产业阶段的激励；但对于 S_2 来说，由于承接的产业转移阶段太低，所带来的技术溢出不足以降低生产成本与 S_1 竞争，被迫退出市场，将有很强的激励寻求从 N_2 引进更高阶段的生产或技术，以取代 S_1 成为市场的垄断者，独享垄断利润。同时，N_2 因为 S_2 退出市场而不能出口中间产品给 S_2，从而没有出口利润，同样也有激励向 S_2 转移更高阶段的生产，帮助 S_2 降低生产成本，获取出口利润。而此时 N_1 又会进一步提高向 S_1 转移的生产阶段……这种竞争会一直持续下去，直到 $h_1 = h_2$ 时达到均衡。

（Ⅰ-Ⅱ）若 $h_1 = h_2 = h$，即发达国家的两个企业合谋，向发展中国家企业转移同样的生产阶段，则有 $c_1 = c_2$，且有：

$$q_1 = q_2 = \frac{a - (c_0 - \lambda h)}{3d} \tag{7.3}$$

$$p_1 = p_2 = c_0 - \lambda h \tag{7.4}$$

此时 S_1 和 S_2 利润为 $\pi_1 = \pi_2 = 0$，即两个发展中国家的企业将进行价格竞争，没有超额利润。

此时，由于 $\frac{\partial q_1}{\partial h} = \frac{\partial q_2}{\partial h} = \frac{\lambda}{d(\theta + 2)} > 0$，即 N_1 和 N_2 可通过合谋提高 h 来增加发展中国家企业的产出，从而增加对其中间产品的进口需求而获得更多利润。但由于 S_1 和 S_2 不能从增加产量中获得更多利润，因为产业转移阶段的提供会导致其价格的降低（ $\frac{\partial p_1}{\partial h} = \frac{\partial p_2}{\partial h} = -\lambda < 0$ ），从而没有动力与发达国家达成引进更高产业阶段的协议。同样，由于 $\frac{\partial q_1}{\partial \lambda} = \frac{\partial q_2}{\partial \lambda} = \frac{h}{d(\theta + 2)} > 0$，且 $\frac{\partial p_1}{\partial \lambda} = \frac{\partial p_2}{\partial \lambda} = -h < 0$，即发展中国家企业提高模仿和学习发达国家生产技术的能力并不能带来利润的增加，也没有激励提高模仿和学习能力。

可见，在同质产品市场条件下，如果发达国家的企业不合谋，而是竞争性地提高向发展中国家企业转移产业阶段，在短时期内先行者会获得更多利润，但最终会形成恶性竞争而两败俱伤，除非达到一种合谋的均衡；在合谋的均衡情况下，发展中国家企业将没有主动寻求更高阶段的产业转移或者学习发达国家的先进技术的激励。

Ⅱ. 当存在产品差异，即 $0 < \theta < 1$。

（Ⅱ-Ⅰ）若 N_1 和 N_2 合谋，即 $h_1 = h_2 = h$，尽管 S_1 和 S_2 的生产成

本相同，但由于产品具有差异性，二者可在市场上共存，此时竞争均衡的产量为：

$$q_1 = q_2 = \frac{a - (c_0 - \lambda h)}{d(\theta + 2)} \tag{7.5}$$

此时的古诺均衡价格为：

$$p_1 = p_2 = c_0 - \lambda h + \frac{a - (c_0 - \lambda h)}{\theta + 2} \tag{7.6}$$

均衡时企业利润为：

$$\pi_1 = \pi_2 = \frac{(a - (c_0 - \lambda h))^2}{d(\theta + 2)^2} \tag{7.7}$$

此时两个企业将获得同样的正利润，且利润额取决于二者产品差异化程度的大小。同时有：

$$\frac{\partial q_1}{\partial h} = \frac{\partial q_2}{\partial h} = \frac{\lambda}{d(\theta + 2)} > 0$$

$$\frac{\partial \pi_1}{\partial h} = \frac{\partial \pi_2}{\partial h} = \frac{2(a - (c_0 - \lambda h))\lambda}{d(\theta + 2)^2} > 0 \tag{7.8}$$

$$\frac{\partial \pi_1}{\partial \lambda} = \frac{\partial \pi_2}{\partial \lambda} = \frac{2(a - (c_0 - \lambda h))h}{d(\theta + 2)^2} > 0 \tag{7.9}$$

此时发达国家企业提高产品的差异化程度和产业转移阶段，都有利于提高发展中国家企业产出和自身出口中间产品的利润，当然，如果这两者都不是无成本的，则在其边际收益和边际成本相等时达最优均衡。而对发展中国家企业而言，寻求更高的产业转移阶段和提高技术学习模仿能力都有利于提高其产出和利润。同时，由于 $\frac{\partial^2 \pi_1}{\partial h \partial \lambda} = \frac{\partial^2 \pi_2}{\partial h \partial \lambda} = \frac{2(a - (c_0 - 2\lambda h))}{d(\theta + 2)^2} > 0$，即发展中国家的企业通过提高技术吸收能力，能在同样的产业转移水平下获得更多的利润，表明发展中国家企业有足够的激励来增进自身的技术吸收能力，而且因为 $\frac{\partial q_1}{\partial \lambda} = \frac{\partial q_2}{\partial \lambda} = \frac{h}{d(\theta + 2)} > 0$，发达国家也将从发展中国家提高技术吸收能力的过程中获益，从而不会为此设置障碍。

（Ⅱ－Ⅱ）若 $h_1 \neq h_2$，不失一般性，假设 $h_1 > h_2$，即 $c_1 < c_2$，企业竞争的均衡产量是：

$$q_1 = \frac{(2 - \theta)(a - c_0) + \lambda(2h_1 - \theta h_2)}{d(4 - \theta^2)}$$

$$q_2 = \frac{(2 - \theta)(a - c_0) + \lambda(2h_2 - \theta h_1)}{d(4 - \theta^2)}$$

(7.10)

均衡时企业利润为：

$$\pi_1 = \frac{((\theta - 2)(a - c_0) + \lambda(\theta h_2 - 2h_1))^2}{d(\theta^2 - 4)^2}$$

$$\pi_2 = \frac{((\theta - 2)(a - c_0) + \lambda(\theta h_1 - 2h_2))^2}{d(\theta^2 - 4)^2}$$

(7.11)

并且有：

$$\frac{\partial q_1}{\partial h_1} = \frac{\partial q_2}{\partial h_2} = \frac{2\lambda}{d(4 - \theta^2)} > 0$$

(7.12)

$$\frac{\partial \pi_1}{\partial h_1} = \frac{4\lambda((2 - \theta)(a - c_0) + \lambda(2h_1 - \theta h_2))}{d(\theta^2 - 4)^2} > 0$$

$$\frac{\partial \pi_2}{\partial h_2} = \frac{4\lambda((2 - \theta)(a - c_0) + \lambda(2h_2 - \theta h_1))}{d(\theta^2 - 4)^2}$$

(7.13)

$$\frac{\partial q_1}{\partial \lambda} = \frac{2h_1 - \theta h_2}{d(4 - \theta^2)} > 0 \;,\; \frac{\partial q_2}{\partial \lambda} = \frac{2h_2 - \theta h_1}{d(4 - \theta^2)}$$

(7.14)

$$\frac{\partial \pi_1}{\partial \lambda} = \frac{2((2 - \theta)(a - c_0) + \lambda(2h_1 - \theta h_2))(2h_1 - \theta h_2)}{d(\theta^2 - 4)^2} > 0$$

$$\frac{\partial \pi_2}{\partial \lambda} = \frac{2((2 - \theta)(a - c_0) + \lambda(2h_2 - \theta h_1))(2h_2 - \theta h_1)}{d(\theta^2 - 4)^2}$$

(7.15)

且当 $h_2 < h_1 < \frac{2}{\theta}h_2$ 时，有 $\frac{\partial \pi_2}{\partial h_2} > 0$，$\frac{\partial q_2}{\partial \lambda} > 0$，$\frac{\partial \pi_2}{\partial \lambda} > 0$。

此时，S_1 将比 S_2 获得更多的超额利润。S_1 和 N_1 都有激励提高产业转移的阶段，在 N_1 和 N_2 所转移的产业阶段差距处于 $(0, \frac{2}{\theta})$ 的范围内时，S_2 和 N_2 也都有激励提高产业转移的阶段。而且发展中国家的企业将有足够的激励提高技术吸收能力，发达国家的企业也会乐见其成。

可见，在异质产品市场条件下，出于对超额利润的追求，发达国家和发展中国家的企业都有足够强的动力提高产业转移的阶段，而且发展中国家的企业也会竞相提高其技术吸收能力，以获取更多利润。

以上分析未考虑发展中国家企业技术吸收能力的差异性，因此放松技术吸收能力同为 λ 的假定，设 S_1 和 S_2 的技术吸收能力分别为 λ_1 和 λ_2，再展开分析。由于无差异产品条件下市场不可能存在两个成本不相同的生产者，因此下文直接分析差异产品的情形。

Ⅲ. λ_1 和 λ_2 不同，存在产品差异，即 $0 < \theta < 1$。

（Ⅲ-Ⅰ）若 $h_1 = h_2 = h$，则有 $c_1 = c_0 - \lambda_1 h < c_0 - \lambda_2 h = c_2$，尽管 S_1 的生产成本低于 S_2，但由于产品具有差异性，二者可在市场上共存，此时竞争均衡的产量为：

$$q_1 = \frac{(2-\theta)(a-c_0) + h(2\lambda_1 - \theta\lambda_2)}{d(4-\theta^2)}$$
$$q_2 = \frac{(2-\theta)(a-c_0) + h(2\lambda_2 - \theta\lambda_1)}{d(4-\theta^2)} \tag{7.16}$$

均衡时企业利润为：

$$\pi_1 = \frac{((\theta-2)(a-c_0) + h(\theta\lambda_2 - 2\lambda_1))^2}{d(\theta^2-4)^2}$$
$$\pi_2 = \frac{((\theta-2)(a-c_0) + h(\theta\lambda_1 - 2\lambda_2))^2}{d(\theta^2-4)^2} \tag{7.17}$$

并有：

$$\frac{\partial q_1}{\partial \lambda_1} = \frac{\partial q_2}{\partial \lambda_2} = \frac{2h}{d(4-\theta^2)} > 0 \tag{7.18}$$

$$\frac{\partial \pi_1}{\partial \lambda_1} = \frac{4h((2-\theta)(a-c_0) + h(2\lambda_1 - \theta\lambda_2))}{d(\theta^2-4)^2}$$
$$\frac{\partial \pi_2}{\partial \lambda_2} = \frac{4h((2-\theta)(a-c_0) + h(2\lambda_2 - \theta\lambda_1))}{d(\theta^2-4)^2} \tag{7.19}$$

$$\frac{\partial q_1}{\partial h} = \frac{2\lambda_1 - \theta\lambda_2}{d(4-\theta^2)} > 0, \quad \frac{\partial q_2}{\partial h} = \frac{2\lambda_2 - \theta\lambda_1}{d(4-\theta^2)} \tag{7.20}$$

$$\frac{\partial \pi_1}{\partial h} = \frac{2((2-\theta)(a-c_0) + h(2\lambda_1 - \theta\lambda_2))(2\lambda_1 - \theta\lambda_2)}{d(\theta^2-4)^2}$$
$$\frac{\partial \pi_2}{\partial h} = \frac{2((2-\theta)(a-c_0) + h(2\lambda_2 - \theta\lambda_1))(2\lambda_2 - \theta\lambda_1)}{d(\theta^2-4)^2} \tag{7.21}$$

且当 $\lambda_2 < \lambda_1 < \dfrac{2}{\theta}\lambda_2$ 时，有 $\dfrac{\partial \pi_i}{\partial \lambda_i} > 0$，$\dfrac{\partial q_i}{\partial h} > 0$。

此时，S_1 由于通过学习先进技术，降低了生产成本，因而将比 S_2 获得更多的超额利润。并且由于 $\dfrac{\partial q_1}{\partial \lambda_1} > 0$，$\dfrac{\partial \pi_1}{\partial \lambda_1} > 0$，$\dfrac{\partial q_1}{\partial h} > 0$，$\dfrac{\partial \pi_1}{\partial h} > 0$，所用 S_1 和 N_1 都有激励提高产业转移的阶段和技术吸收能力，在 S_1 和 S_2 的技术吸收能力差距处于 $(0, \dfrac{2}{\theta})$ 的范围内时，S_2 和 N_2 也都有激励提高产业转移的阶段和技术吸收能力。更进一步，S_2 如果能将技术吸收能力提高到超过 λ_1 的水平，则能获得更多的利润，因而具有进一步提高技术吸收能力的激励。表明即使 N_1 和 N_2 存在合谋，只向 S_1 和 S_2 转移相同的产业，后两者也能通过自身的努力来提高技术吸收能力，进而增加产出并获得更多利润。

（Ⅲ－Ⅱ）若 $h_1 \neq h_2$，也有三种情况：$c_1 < c_2$、$c_1 > c_2$ 和 $c_1 = c_2$。不失一般性，假设 $h_1 > h_2$，有 $\lambda_1 h_1 > \lambda_2 h_2$，即 $c_1 < c_2$，企业竞争的均衡产量是：

$$q_1 = \frac{(2 - \theta)(a - c_0) + (2\lambda_1 h_1 - \theta\lambda_2 h_2)}{d(4 - \theta^2)}$$

$$q_2 = \frac{(2 - \theta)(a - c_0) + (2\lambda_2 h_2 - \theta\lambda_1 h_1)}{d(4 - \theta^2)} \tag{7.22}$$

均衡时企业利润为：

$$\pi_1 = \frac{((\theta - 2)(a - c_0) + (\theta\lambda_2 h_2 - 2\lambda_1 h_1))^2}{d(\theta^2 - 4)^2}$$

$$\pi_2 = \frac{((\theta - 2)(a - c_0) + (\theta\lambda_1 h_1 - 2\lambda_2 h_2))^2}{d(\theta^2 - 4)^2} \tag{7.23}$$

$$\frac{\partial q_1}{\partial h_1} = \frac{2\lambda_1}{d(4 - \theta^2)} > 0 , \quad \frac{\partial q_2}{\partial h_2} = \frac{2\lambda_2}{d(4 - \theta^2)} > 0 \tag{7.24}$$

$$\frac{\partial \pi_1}{\partial h_1} = \frac{4\lambda_1((2 - \theta)(a - c_0) + (2\lambda_1 h_1 - \theta\lambda_2 h_2))}{d(\theta^2 - 4)^2} > 0$$

$$\frac{\partial \pi_2}{\partial h_2} = \frac{4\lambda_2((2 - \theta)(a - c_0) + \lambda(2\lambda_2 h_2 - \theta\lambda_1 h_1))}{d(\theta^2 - 4)^2} \tag{7.25}$$

$$\frac{\partial q_1}{\partial \lambda_1} = \frac{2h_1}{d(4 - \theta^2)} > 0 , \quad \frac{\partial q_2}{\partial \lambda_2} = \frac{2h_2}{d(4 - \theta^2)} > 0 \tag{7.26}$$

$$\frac{\partial \pi_1}{\partial \lambda_1} = \frac{4h_1((2 - \theta)(a - c_0) + (2\lambda_1 h_1 - \theta\lambda_2 h_2))}{d(\theta^2 - 4)^2} > 0$$

$$\frac{\partial \pi_2}{\partial \lambda_2} = \frac{4h_2((2 - \theta)(a - c_0) + \lambda(2\lambda_2 h_2 - \theta\lambda_1 h_1))}{d(\theta^2 - 4)^2} \tag{7.27}$$

且当 $\lambda_2 h_2 < \lambda_1 h_1 < \dfrac{2}{\theta}\lambda_2 h_2$ 时，有 $\dfrac{\partial \pi_2}{\partial h_2} > 0$，$\dfrac{\partial \pi_2}{\partial \lambda_2} > 0$。

此时，S_1 将比 S_2 获得更多的超额利润。S_1 和 N_1 都有激励提高产业转移的阶段，在 S_1 和 S_2 成本差异处于 $(0, \dfrac{2}{\theta})$ 的范围内时，S_2 和 N_2 也都有激励提高产业转移的阶段。而且发展中国家的企业将有足够的激励提高技术吸收能力，发达国家的企业也会乐见其成。反之，当 $c_1 > c_2$ 时，则 S_2 获得更多的超额利润。显然，在 h_1 和 h_2、λ_1 和 λ_2 都是可调整的情况下，博弈均衡的结果将是在 $c_1 = c_2$ 时，双方获得同样的超额利润。

以上分析假定发展中国家的技术研发积累在两个企业间相同，因此下文进一步放松该假定，设 S_1 和 S_2 的技术研发积累分别为 c_{01} 和 c_{02}。同样直接讨论产品有差异的情形。

Ⅳ. 本国技术研发积累、技术吸收能力和产业转移阶段都不同，即 $c_{01} \neq c_{02}$，$\lambda_1 \neq \lambda_2$ 和 $h_1 \neq h_2$，存在产品差异，即 $0 < \theta < 1$，同样有 $c_1 < c_2$、$c_1 > c_2$ 和 $c_1 = c_2$ 三种不同情形，不失一般性，假设 $c_1 < c_2$，S_1 和 S_2 竞争的均衡产量是：

$$q_1 = \frac{2(a - c_{01} - \lambda_1 h_1) - \theta(a - c_{02} + \lambda_2 h_2)}{d(4 - \theta^2)}$$

$$q_2 = \frac{2(a - c_{02} + \lambda_2 h_2) - \theta(a - c_{01} - \lambda_1 h_1)}{d(4 - \theta^2)}$$

$$(7.28)$$

均衡时 S_1 和 S_2 利润为：

$$\pi_1 = \frac{(\theta(a - c_{02} + \lambda_2 h_2) - 2(a - c_{01} - \lambda_1 h_1))^2}{d(\theta^2 - 4)^2}$$

$$\pi_2 = \frac{(\theta(a - c_{01} - \lambda_1 h_1) - 2(a - c_{02} + \lambda_2 h_2))^2}{d(\theta^2 - 4)^2}$$

$$(7.29)$$

$$\frac{\partial q_1}{\partial h_1} = \frac{2\lambda_1}{d(4 - \theta^2)} > 0, \frac{\partial q_2}{\partial h_2} = \frac{2\lambda_2}{d(4 - \theta^2)} > 0 \qquad (7.30)$$

$$\frac{\partial \pi_1}{\partial h_1} = \frac{4\lambda_1(2(a - c_{01} - \lambda_1 h_1) - \theta(a - c_{02} + \lambda_2 h_2))}{d(\theta^2 - 4)^2}$$

$$\frac{\partial \pi_2}{\partial h_2} = \frac{4\lambda_2(2(a - c_{02} + \lambda_2 h_2) - \theta(a - c_{01} - \lambda_1 h_1))}{d(\theta^2 - 4)^2}$$

$$(7.31)$$

$$\frac{\partial q_1}{\partial \lambda_1} = \frac{2h_1}{d(4 - \theta^2)} > 0, \frac{\partial q_2}{\partial \lambda_2} = \frac{2h_2}{d(4 - \theta^2)} > 0 \qquad (7.32)$$

$$\frac{\partial \pi_1}{\partial \lambda_1} = \frac{4h_1(2(a - c_{01} - \lambda_1 h_1) - \theta(a - c_{02} + \lambda_2 h_2))}{d(\theta^2 - 4)^2}$$

$$\frac{\partial \pi_2}{\partial \lambda_2} = \frac{4h_2(2(a - c_{02} + \lambda_2 h_2) - \theta(a - c_{01} - \lambda_1 h_1))}{d(\theta^2 - 4)^2} \tag{7.33}$$

$$\frac{\partial q_1}{\partial c_{01}} = \frac{\partial q_2}{\partial c_{02}} = \frac{-2}{d(4 - \theta^2)} < 0, \tag{7.34}$$

$$\frac{\partial \pi_1}{\partial c_{01}} = \frac{4(\theta(a - c_{02} + \lambda_2 h_2) - 2(a - c_{01} - \lambda_1 h_1))}{d(\theta^2 - 4)^2}$$

$$\frac{\partial \pi_2}{\partial c_{02}} = \frac{4(\theta(a - c_{01} - \lambda_1 h_1) - 2(a - c_{02} + \lambda_2 h_2))}{d(\theta^2 - 4)^2} \tag{7.35}$$

由于企业生产不能为负，即当 $c_{02} < c_{01} < \frac{2}{\theta}c_{02}$ 时有 $q_1, q_2 > 0$，此时有 $\frac{\partial q_i}{\partial h_i} > 0$，$\frac{\partial q_i}{\partial \lambda_i} > 0$，$\frac{\partial q_i}{\partial c_{0i}} < 0$，$\frac{\partial \pi_i}{\partial h_i} > 0$，$\frac{\partial \pi_i}{\partial \lambda_i} > 0$，$\frac{\partial \pi_i}{\partial c_{0i}} < 0$，$i = 1, 2$。表明发展中国家通过提高本国技术研发积累带来的技术进步、技术吸收能力的提升和承接产业转移阶段的升级，能够推动本国整体技术水平的提高。而且在一定的范围内，发达国家也将因此而获得更多收益，从而对发展中国家技术水平的进步将提供支持。

三　模型结论

总结以上分析，（1）在产品无差异的条件下，无论初始的产业转移阶段和技术吸收能力是否不同，只要具有成本优势的企业将价格设定为稍低于对手的边际成本，即可占领整个市场，成本较高的企业也只需努力到成本稍低于对手即可转而垄断市场，竞争的最终均衡将是企业成本一致。此时，发展中国家的企业没有动力寻求更高阶段的产业转移和技术吸收能力的提高，为避免最终形成恶性竞争而两败俱伤，两个企业的理性选择是在生产成本达到相同且能保证得到超额利润时，不再追求提高产业转移阶段和技术吸收能力。（2）在异质产品条件下，两个不同成本的企业可以在市场中共存，一方寻求更高阶段的产业转移和技术吸收能力的提高不会形成市场垄断，从而不会产生恶性竞争的局面，因此双方都有很强的激励提高技术吸收能力、接受更高级的产业转移，而且发达国家的企业由于能从中获得更多利益而会帮助这一过程的实现。但需要注意的是，发达国家对发展中国家企业的技术吸收能力提高的支持或认可具有上限，即发达国家企业会限制发展中国家企业技术吸收能力提高到能生产中间产品而不再需要进口的程度（即中间产品的进口替代）。（3）由此可以推论，如果发展中国家的企业相互合作，以本国已有的技术为基础，在承接产业转移方面相互学习，共同努力提高技术吸收能力，甚至有可能突破发达国家的技术限制，实现产业发展的跨越式升级。

第二节　升级路径选择

发展中国家产业及其国际分工地位升级，关键是其国内技术水平的提升，在全球化及产品内分工快速发展的条件下，发达国家的产业向外转移为此提供了契机。首先，是通过承接产业转移，可促使发展中国家"嵌入"到全球产业链和价值链之中，即帮助其参与全球分工体系；其次，通过产业转移的技术溢出效应，可在一定程度上提升发展中国家的技术水平。前文第五章的分析表明本国的技术进步才是提高国际分工地位的关键，本章的分析进一步表明，如果考虑产业转移和技术引进的学习效应，即技术吸收能力，以及发展中国家的技术研发积累，即使发达国家对产业转移进行限定，也仍然能够通过技术学习和自主研发投入来提高发展水平，而且在具备一定发展基础之后，随着学习能力和自主研发能力的提高，可突破发达国家技术限制和垄断，实现跨越式发展。这一过程可理解为 Brezis、Krugman 和 Tsiddon（1993）蛙跳模型的一种扩展，即放松"后发国可以无障碍地免费获取先进的新技术"这一假定，发展中国家可通过承接来自发达国家的产业转移，并努力消化和吸收其技术，同时强化本国的研发投入及技术积累，在结合"内外"技术的基础上进行融合创新，也可以在相对短的时期内实现对发达国家先进技术的赶超，进而通过其他因素如人力资本培育、资本投入增加等提升其国际分工地位。日本和韩国通过引进、消化、吸收和再创新实现赶超的发展历程表明，这种"蛙跳"（Leapfrogging）式的发展具有现实可行性。此外，发展中国家的企业通过跨国并购，将拥有先进技术的发达国家企业收为己用，在其技术基础上再创新，也是实现技术"蛙跳"的可行选择。因此对于业已完成对全球生产链和价值链的"嵌入"过程的中国而言，通过总结和学习发达国家的先进技术，再通过自身的技术积累来取得再创新，从而实现高技术产业转型升级和国际分工地位提升的"蛙跳"，是一条可行的途径。

第八章

中国高技术产业国际分工地位
演进：案例分析[①]

前文研究从相对宏观的层面对中国高技术产业在国际分工中所处的地位及其升级的影响因素和路径作了分析，但对于具体的微观区域而言，其产业及其集群是依靠何种机制嵌入到全球高技术产业链当中，在国际分工中扮演着怎样的角色，以及如何通过自身的技术研发积累、对先进技术的吸收与再创新而实现产业转型升级和国际分工地位提升，[②] 需要通过具体的典型案例分析才能解答。也只有通过对不同个案的研究，方能进一步总结出中国高技术产业发展的一般规律，从而为"中国奇迹"提供一个鲜活的注解，更为后发国家和地区的发展提供经验借鉴。

第一节　案例选择

一　"嵌入"效应案例

以中国高技术产业的数据来看，中国出口的高技术产品及其占世界的比例在进入新世纪之后开始快速增长，甚至在 2003 年超过了美国和日本（见图 3 - 1），而且支撑中国高技术产品出口额急剧膨胀的最主要构成部分是计算机与通信技术产品，绝大部分的贸易顺差也主要由该部分创造，其余部分在总出口中所占比例很小，除了电子技术产品之外基本都在贸易

---

① 本部分的英文版发表于美国国际贸易委员会（United States International Trade Commission，USITC）主办的 *Journal of International Commerce and Economics*，2011，3（1）：56—80。

② 近年来"产业升级"在中国被频繁提及，成为经济中被各界关注的焦点之一，尤其是 2009 年国务院推行的"十大产业振兴计划"将之推向高潮，这也正是中国由"世界加工厂"向工业强国转变的表现。

平衡线上波动（见图4-3）。这些表明计算机与通信技术产业及电子技术产业基本上代表了中国高技术产业的发展状况，选择该部分相关的产业集群案例进行分析具有较好的代表性。平湖光机电产业集群的发展经历了从零起步，通过引进外资起步，直至壮大为浙江省高技术产业重点基地，其发展过程具有很强的代表性。因此下文选择具有典型性的平湖光机电产业集群，对中国高技术产业如何借助外资及其带来的产业转移而参与到国际分工之中，即对前文提出的产业转移的"嵌入"效应进行案例分析。

二 "蛙跳"式发展案例

中国在高速铁路[①]领域通过"引进、消化、吸收、再创新"的策略，仅用5年时间高速铁路建设里程突破了2700公里，平均运营时速逾300公里，总里程与运营时速均跃居世界第一，技术体系还赢得了美国、俄罗斯等传统铁路强国的垂青，实现了"赶超"到"领跑"的"蛙跳"。[②] 该领域的技术发展过程，具有典型的"蛙跳"式的发展路径的特征，因此后文以中国高铁技术的发展为例，对中国高技术产业技术实现赶超的路径选择进行案例分析。

第二节 平湖案例分析

一 分析方法

前文提出的基于非竞争型投入产出表计算相关指标，用以衡量高技术产业国际分工地位的方法，并不能直接运用于平湖这样的小区域，因为没有可用的非竞争型投入产出表。因此沿着前文研究思路，通过调研获取平湖光机电产业基地相关企业的直接增加值率、劳动生产率、中间投入品进口比例，以及生产设备、产品设计和研发的来源，产品主要销售渠道等生产信息，通过汇总整理并进行多国比较，从而分析平湖光机电产品生产在

---

① 尽管在高技术产业及产品的分类中，高速铁路系统并没有被明确列入，但其牵引系统、制动系统、列车网络控制系统等，都是新学科、新技术、新材料和新工艺的集大成，需要以众多高技术产品和产业为基础。

② 根据人民网报道整理：http://paper.people.com.cn/rmrb/html/2010-03/01/nw.D110000renmrb_20100301_5-01.htm，2010年3月1日。

国际分工中的地位。

　　笔者首先收集了有关平湖的公开资料，包括平湖的行政区划和地理区位，以及政府部门的经济社会统计数据和资料等，又通过与当地政府官员、行业协会成员以及企业家的前期访谈，以设计并完善问卷。通过调研位于平湖经济技术开发区（当湖镇）的 108 家和位于钟埭镇、皇姑镇和林埭镇的光机电生产企业，获得了 120 份有效的调查问卷。

二　平湖光机电产业集群概况

　　作为良渚文化的发祥地之一，平湖自古素有"金平湖"之美称，是一个经济、文化较发达的地区，地处杭嘉湖平原、濒临杭州湾，依山傍海、河网纵横，位处于上海、杭州、苏州和宁波四大城市组成的菱形对角线交点，距四城市均在 100 公里左右，区位优势得天独厚（见图 8.1）。光机电企业主要以平湖市经济开发区（当湖镇）为核心，向外扩散到钟

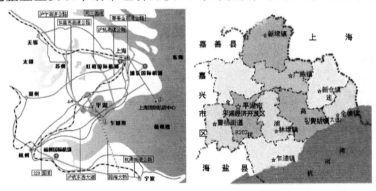

图 8.1　平湖光机电产业基地区位及地理范围

埭、林埭和黄姑等三个乡镇（见图 8.1）。光电产业在平湖的集聚可追溯到日本芝浦制作所与平湖之间的加工贸易，1993 年芝浦委托平湖一家地方国营电子企业加工"变压器"，并于 1995 年投资 20 万美元与该企业成立了一家合资企业。其后，日本芝浦制作所于 1998 年被日本电产（NIDEC）收购，同年日本电产株式会社的董事长永守重信到平湖对日本电产芝浦（浙江）有限公司进行投资考察时，地方政府的大力支持坚定了它在平湖的投资决心，由此拉开了平湖光机电产业高速发展的序幕。自日本电产 1999 年投资之后，平湖的光机电产业从零起步，到 2007 年全市光机电规模企业工业总产值达 124.57 亿元，占全市规模以上工业的比例

达 22.72%（见表 8.1）。目前全市拥有光机电企业 128 家，其中国家火炬
计划重点高新技术企业 2 家，省高新技术企业 15 家，嘉兴市级高新技术
企业 23 家，全市工业总产值超亿元的企业达 17 家。基地内光机电企业已
列入省高新技术产业化项目 13 项，2007 年全市拥有光机电省级研发中心
2 家（正业智能机器省级高新技术研发中心、平湖金刚石模具高新技术研
发中心），嘉兴市级研发中心 5 家。有五家企业被国家科技部火炬中心列
入基地重点骨干企业〔关东辰美电子（平湖）有限公司、浙江汉脑数码
科技有限公司、平湖美嘉保温容器工业有限公司、日本电产科宝（浙江）
有限公司、嘉兴市恒业电子有限公司〕（张辉，2006）。

表 8.1　　　　　　　　　2002—2007 年平湖光机电产业情况

年份	企业数（家）	总产值（亿元）	占工业比重（%）	同比增长（%）
2002	22	21.1	13.8	45
2003	65	40.2	17.9	85.2
2004	71	65.9	24.4	64
2005	91	78.6	19	21
2006	102	101.5	27.4	22.68
2007	120	124.57	22.72	21.9

资料来源：浙江平湖光机电产业基地网。

　　该集群的金融服务和劳动力供给等则延伸到了上海和安徽等地，图
8.2 显示出促使平湖光机电产业形成的主要力量来源于经济开发区内的日
资企业。该基地光机电产品涉及数码相机快门、手机用摄像头、电子硬
盘、MP3、光纤收发器、光纤分路器、流体动压精密轴承、微型电机、精
密模具、光导纤维套管、数码相片冲印机、投影仪、精密测定仪器、电子
零件传感器等高新技术产品。其中有很多企业的产品技术先进、竞争力
强，在国际市场上占有相当份额。如日本电产（浙江）有限公司生产的
笔记本电脑硬盘驱动主轴马达占国际市场的 70%，日本电产科宝（浙江）
有限公司生产的手机震动马达占国际市场的 30%、照相机快门占国际市
场的 70%，日本电产科宝电子（浙江）有限公司生产的多边形反光镜占
国际市场的 80%，以及恩梯恩日本电产（浙江）有限公司生产的流体动
压轴承、日本电产机器装置（浙江）有限公司生产的半导体检测设备、

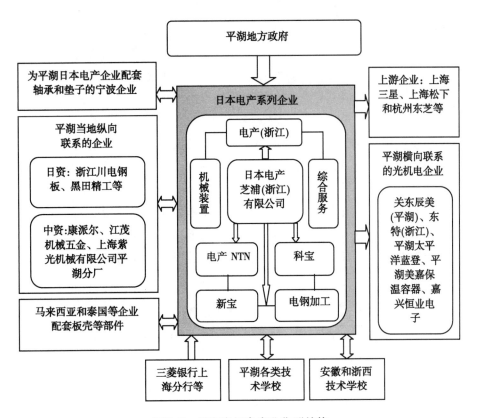

图 8.2　平湖光机电产业集群结构

资料来源：张辉，2006：190。

日本电产新宝（浙江）有限公司生产的变速器等，都是世界一流产品。[1]

三　调研数据分析

根据所获得的120份有效问卷，对所访问的企业基本信息统计见表8.2，可知该产业集群整体以光机电一体化生产为主，企业注册资本在500万—1000万元的居多，年产值在规模以上的企业占40%以上。

由表8.3可知，平湖光机电产业集群内企业总体的平均售价约为180元，平均直接增加值率约为48%，平均进口的中间投入品比例约为28%，平均劳动生产率为76821元/年/人，平均的R&D投入为10%。具体来讲，外商独资企业的产品平均售价较高，约为195元，民营企业和其他类型企

---

[1]　以上内容根据"浙江平湖光机电产业基地网"整理。

业产品售价最低，这可能是由于外资企业产品的技术含量较高，这与走访企业过程中了解到的信息相一致：如外资企业津上机床平均售价达几百万元，而为其做配套的民营企业恒业电子产品单价不超过百元；尽管外资企业产品售价较高，但其生产过程中产生的直接增加值占总产值的比例却在所有类型企业中最低，约为32%，这和外资企业的生产使用了最多的进口中间投入相一致（比例约为45%）；从研发投入来看，民营企业最高约为12%，合资企业次之约为11%，外商独资企业最低，仅约为6%。综合这些信息可发现，尽管外商独资企业的进入带动了平湖光机电产业集群的形成与发展，但外资企业更多只是将平湖作为加工制造的基地，很少进行研发、设计等高附加值的活动。因此可初步判断平湖光机电产业集群在国际分工中并不具有很大的优势，在国际贸易中直接或间接获得的利益相对有限。

表8.2 调研企业的基本信息

企业类型	所属行业（个）	注册资本	年产值	职工数量（人）
外商独资企业 38（31.6%）	光机电一体化 32（84%）	1000 万元以上 16（42.1%）	1 亿元以上 9（23.7%）	3000 以上 13（34.2%）
		500 万—1000 万元 17（44.7%）	5000 元—10000 万元 18（47.4%）	1000—3000 16（42.1%）
	电子信息 4（10.5%）	100 万—500 万元 5（13.2%）	1000 元—5000 万元 10（26.3%）	500—1000 8（21.1%）
	其他 2（5.3%）	100 万元以下 0（0%）	1000 元以下 1（2.6%）	500 以下 2（2.6%）
民营企业 56（46.7%）	光机电一体化 47（83.9%）	1000 万元以上 24（42.9%）	1 亿元以上 13（23.2%）	3000 以上 18（32.1%）
		500 万元—1000 万元 27（48.2%）	5000 元—10000 万元 20（35.7）	1000—3000 22（39.3%）
	电子信息 5（8.9%）	100 万—500 万元 3（5.4%）	1000 元—5000 万元 18（32.1%）	500—1000 10（17.9%）
	其他 4（7.1%）	100 万元以下 2（3.6%）	1000 元以下 5（8.9%）	500 以下 6（10.7%）
合资企业 22（18.3%）	光机电一体化 17（77.3%）	1000 万元以上 9（40.9%）	1 亿元以上 14（63.6%）	3000 以上 6（27.3%）
		500 万—1000 万元 11（50%）	5000 万—10000 万元 5（22.7%）	1000—3000 8（36.4%）
	电子信息 4（18.2%）	100 万—500 万元 2（9.1%）	1000 元—5000 万元 2（9.1%）	500—1000 5（22.7%）
	其他 1（4.5%）	100 万元以下 0（0%）	1000 元以下 1（4.5%）	500 以下 3（13.6%）

续表

企业类型	所属行业	注册资本	年产值	职工数量（人）
其他 4（3.4%）	电子信息 1（25%）	100 元—500 万元 0（0%）	5000 元—10000 万元 2（50）	1000—3000 1（25%）
	光机电一体化 3（75%）	100 万元以下 4（100%）	1000 元—5000 万元 2（50%）	500—1000 3（75%）

资料来源：根据调研数据整理。

说明：括号中为占总体的比例。本表并未列出调查表的全部信息。调查问卷中包括了 2005—2008 年的问题，但被访问对象一般只填写了 2008 年的。

表 8.3　　　　　　　调研企业 2008 年的生产状况之一

项目	平均单价 （元）	直接增加 值率（%）	劳动生产率 （元/年/人）	进口中间投入 比例（%）	R&D 投入 比例（%）
总体平均	180.39	47.54	76821	27.85	10.11
外商独资企业	195.44	44.96	74907	44.55	6.37
民营企业	175.28	51.73	75249	16.87	12.03
合资企业	178.5	47.05	73199	31.09	11.3
其他	172.27	46.43	75044	18.92	10.75

资料来源：根据调研数据整理。

说明：括号中为按当年汇率计算的美元值，下表同。

　　表 8.4 的信息进一步证实了这一判断：在平湖的企业中，平均约有 79% 的企业从事最终产品的组装、装配以及成品检测（88%），接近三分之一的企业从事一般零件加工（32%），仅有约 5% 的企业从事核心部件的加工。而且在三类企业中，内资的民营企业比外商独资企业、合资企业更多地从事核心及一般零部件加工，较少从事组装、装配等工序的生产；在生产设备方面，平均而言 61% 的企业的生产设备通过从国外进口，国内购买的比例约为 24%，自主研发的约为 13%，这其中外商独资企业对设备进口的依赖程度最高（81%），合资企业次之（55%），民营企业最低为 48%，而仅有 17% 的生产设备是通过自主研发；在产品的设计和研发方面，仅有约 28% 的外商独资企业依靠自主研发或设计，大部分（约 71%）依赖于国外企业（其中大部分应该是其国外母公司），合资企业也基本类似，自主研发和进口的比例分别约为 22% 和 60%，而民营企业中则有接近 60% 的企业进行产品的自主研发（约 57%）、超过 1/5 的企业通过向国内企业购买（约 22%）。张辉（2006）基于马达的基本生产流程及其全球产业链和价值链的分析，发现平湖光机电产业在全球价值链等级体

系中处于低附加值的组装环节，这和调研所获得的信息基本一致，但调研数据也显示，平湖光机电产业集群内的民营企业有了较大发展，而且在研发投入方面比外资及合资企业表现要好。

表8.4　　　　　　　　　　调研企业2008年的生产状况之二

项目	主要从事的生产工序	生产设备来源	产品设计、研发来源	产品主要销售渠道
总体平均	核心部件加工 5.16%	进口 61.45%	企业内部 35.72%	出口 52.24%
	一般零件加工 32.50%	国内购买 23.51%	国内企业 13.40%	国内销售47.7%（其中36.7%配套平湖企业生产）
	最终组装、装配 79.28%	自主研发 13.44%	国外企业 48.01%	
	成品检测 88.12%	其他 3.61%	其他 5.54%	
外商独资企业	核心部件加工 4.52%	进口 81.45%	企业内部 28.3%	出口 69.56%
	一般零件加工 17.57%	国内购买 5.7%	国内企业 8.9%	国内销售30.4%（其中 24.5%配套平湖企业生产）
	最终组装、装配 78.4%	自主研发 10.03%	国外企业 70.51%	
	成品检测 87.1%	其他 2.82%	其他 0.29%	
民营企业	核心部件加工 8.79%	进口 47.9%	企业内部 56.77%	出口 19.34%
	一般零件加工 75.5%	国内购买 33.81%	国内企业 21.9%	国内销售80.6%（其中 59.49%配套平湖企业生产）
	最终组装、装配 70.45%	自主研发 17%	国外企业 13.4%	
	成品检测 82.26%	其他 4.99%	其他 7.93%	
合资企业	核心部件加工 2.18%	进口 55%	企业内部 22.09%	出口 67.81%
	一般零件加工 4.44%	国内购买 31.01%	国内企业 9.4%	国内销售32.19%（其中 26.12%配套平湖企业生产）
	最终组装、装配89%	自主研发 13.3%	国外企业 60.12%	
	成品检测 95%	其他 3.01%	其他 8.39%	

资料来源：根据调研数据整理。

说明：因为同一企业可能从事多项工序生产，因此"主要从事工序"中各项之和不等于100%。

总体而言，平湖光机电产业集群中的企业所从事的生产阶段主要是组装、装配等工序，其生产所需设备大多需要进口，外资及合资企业产品设计和研发多来源于国外，其产品主要用于出口，而内资的民营企业则有较大部分通过国内购买技术，生产产品用以国内销售（其中有较大比例是为了配套平湖其他企业的生产）。可见平湖光机电产业集群的发展模式仍是外资及合资企业承接国外母公司的加工生产阶段，区内民营企业进行生产配套，因此产品的研发和创新程度较低，生产过程的附加值也较低，在国际分工中自然难以取得优势地位。尽管部分平湖的企业的产品技术水平较为先进，占据了世界市场较大份额，如日本电产 NTN 等，但这只是少数跨国企业的情况，并不代表平湖光机电产业整体在国际分工中的地位。

为了进一步明确平湖光机电产业在国际分工中所处的地位，以平湖的日资企业 G①的进出口数据作进一步的分析。由图 8.3 中 G 企业的生产流程可以看出，该企业的产品研发、模具设计和制造、量产工艺设计等关键的高附加值环节都在日本完成，只有具体的生产线设计、产品的规模化生产、出货等低附加值的阶段在中国进行。该企业的进出口数据进一步表明，其 2008 年出口总额为 33006168 元，其中加工贸易出口占 99.68%，进口总额 16777920 元，用于加工贸易的进口为 1375258 元，占 97.8%。进口生产设备总额 5554750 元，占总进口的 33.1%，平均单价为 92736 元。表 8.5 中 G 企业 8 位 HS 码的部分产品进出口数据表明，五类产品的进出口平均单价相差大都不足百元。表 8.6 的数据进一步表明，G 企业进口品以初级产品（42.67%）、资本品（28.59%）以及零部件（13.59%）为主，而出口品则绝大部分是加工品（95.62%）和少量的半耐用消费品（4.09%）。这表明该企业生产所需的原料、设备大都需要进口，主要从事的加工贸易中生产阶段属于附加值较低的环节。

表 8.5　　　G 企业 2008 年部分 HS 分类产品进出口比较（美元）

HS 分类码	出口额	出口单价	进口额	进口单价
85177030	22931	126.92	344578	105.35
85299049	70935	141.82	153815	106.33
90021190	1473721	973.59	21323671	949.31
90029090	4475579	577.88	10107392	419.09
90069199	31248	794.2	824829	711.68

资料来源：嘉兴海关和富奥华美，Http：//www.allmyinfo.com。

---

①　因涉及商业机密，此处隐去相关企业信息。

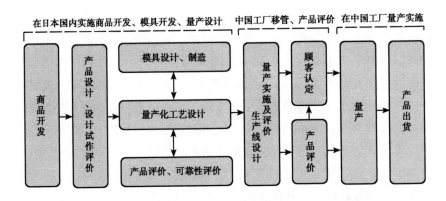

图 8.3　G 企业的生产流程

资料来源：调研时 G 企业提供。

表 8.6　　　　　　G 企业 2008 年 BEC 分类产品进出口比较

BEC 分类	出口额（美元）	占总出口比例	出口单价（美元）	进口额（美元）	占总进口比例	进口单价（美元）
21	—	—	—	7159145	42.67%	122.58
22	31559865	95.62%	643.91	9939	0.06%	574.6
41	—	—	—	4796861	28.59%	181.94
42	94736	0.29%	382.04	2280433	13.59%	3136.86
62	1351567	4.09%	131.67	2510002	14.96%	3073.02
63				21540	0.13%	1684.11

资料来源：同表 8.5。

说明：BEC 分类中 21 和 22 分别代表工业中未分类的初级产品（Primary）和加工品（Processed），41 代表资本品（Capital goods），42 代表零部件（Parts and accessories），62 和 63 分别代表消费品中的半耐用品（Semi-durable）和非耐用品（Non-durable）。

四　平湖案例的经验借鉴

（1）市场激励

下游产业布局的调整为产业集群形成创造了条件。作为国际上七家生产马达的著名企业之一，日本电产的下游企业正在源源不断地转移到长江三角洲地区（Yangtze Delta Region），例如，中国台湾地区众多电子企业和希捷（Seagate Technology）、迈拓（Maxtor）、西部数据（Western Digital）、日立、东芝、富士通、三星等企业的制造环节都在向该地区转移，其中东芝和希捷分别在杭州和无锡投产，迈拓进入苏州进行生产，三星则入驻上海。随着这些个人电脑行业中大批日本电产的下游企业生产基地向长江三角洲地区的转移，作为上游零部件生产企业的日本电产也不得不跟进，以靠近这些需求商。这就为日本电产向平湖投资进而形成光机电产业集群提供了难得的机遇。

区位优势和成本优势是产业集聚的基础。在国外厂商向中国转移生产的过程中，具备地理区位优势和成本优势的地区往往成为外商投资的首选地，从而使这些地区成为产业发展的先行地。日本电产这样的零部件企业与下游企业的空间距离一般最好布置在 2 小时车程左右的空间范围。根据 Porter 的研究，通过将厂址设在顾客附近，企业可以提供竞争对手无法比拟的供应速度和用户定制的服务。换句话说，就是以无锡、苏州、杭州和上海等地为中心，2 小时陆路车程为半径所做的圆形是该类企业空间选址的硬约束。同时要求投资地区的商务成本要低，尽管苏州、无锡的基础设施很完善，但成本也很高，而电子零部件属于薄利多销的产品，对成本很敏感，因此选择周边地区成为必然。而平湖完全满足这些条件，因此具备吸引外商投资的良好基础。

"种子"企业落户带动上游企业的转移和当地配套企业的出现。在日本电产入驻平湖后，作为日本电产上游的企业，总部在大阪的日本三大轴承生产厂家之一的 NTN 等企业也不得不纷纷跟进。这些企业又从日本已经带来和即将吸引很多相关企业，同时在国内也涌现出一批配套供应商，如此才使平湖光机电产业集群逐渐发展了起来。尽管平湖市政府在吸引日本电产芝浦（浙江）有限公司落户平湖时并没有对其产生过高的期望，但从平湖光机电集群的形成过程来看，这家企业在平湖光机电产业集群发展过程中发挥了重要的示范带动作用，推进了产业集群的快速成型（王立军，2006；郭元勇，2008）。可见，政府在培育产业集群的过程中，吸引那些具有强大带动作用的"种子"企业落户集群，至关重要。

（2）政府引导

已有研究基本上都将产业集群形成的初始推动力和促进产业集群发展的持续推动力等同起来，如 Saxenian（1996）、Porter（1998）及 Brenner（2001）et al.，但平湖的例子却显示这两者可能是不同的。体现出这一差别的是不同企业对问卷中"选择在平湖投资的主要原因"的答案选择的差异，表 8.8 的数据显示，2004 年以前建立的企业选择的主要因素首先是"政府支持与服务的效能"，其次为"地理区位便利"以及"优惠政策"等；而那些在 2004 年之后设立的企业的选择主要是"产业配套"和

"市场潜力"，这表明在满足地理区位要求的前提下，把是否靠近上下游企业、消费市场等产业发展的内生因素作为最重要的要素来考虑。因此在高技术产业集群发展的不同阶段，需要提供相适应的支持政策，才能促进其快速发展。平湖的案例显示，在产业集群发展过程中，政府制定的一系列特定的政策，是促进平湖光机电产业集群快速发展的重要推动力。

表 8.7　　　　　　不同时期企业选择在平湖投资的主要原因

投资原因 设立年份	投资 企业数	政府支持 服务效率	优惠政策	地理区位 便利	追随上下 游企业	市场潜力	产业配套
1999—2001	20	9 (45%)	5 (25%)	3 (15%)	2 (10%)	0 (0%)	1 (5%)
2001—2004	51	16 (31.3%)	7 (13.7%)	5 (9.8%)	5 (9.8%)	8 (15.7%)	10 (19.6%)
2004—2007	49	10 (20.4%)	7 (14.3%)	7 (14.3%)	6 (12.2%)	8 (16.3%)	11 (22.5%)
2007—2008	13	2 (15.3%)	2 (15.4%)	1 (7.7%)	2 (15.4%)	4 (30.8%)	7 (53.9%)

资料来源：根据调研数据整理。

说明：第2—6列为企业选择在平湖投资的理由及其数量，括号中为占所在时期总投资企业数的比例。

促进产业集聚。政府的热情支持引来了光机电的"种子"企业。日电产芝浦（浙江）有限公司就是平湖市政府积极努力引进的最具生长力的"种子"企业。1998年，日本电产株式会社董事长永守重信赴平湖投资考察与签约时，受到平湖市的热情接待。他指出平湖的交通条件太差，尤其是与上海等主要城市的交通有改善。次年，永守重信再次光临平湖时，途经沪杭高速只用了45分钟，巨大的反差让永守重信感觉到，平湖市政府是诚实可信的，平湖是日本电产株式会社可以长期合作与发展的地方。随后，日本电产株式会社陆续在平湖投资成立了一系列的独资与合资企业，并带动了关东美辰电子株式会社和东京特殊电线株式会社相继投资平湖（王立军，2006；郭元勇，2008）。

同时，平湖市政府还进行城市改造，完善基础设施，美化环境，建设上海的卫星城，以便企业将生产基地落户平湖而降低生产成本，营造适合外商居住的环境，围绕光机电产业的发展，提供专业化服务，如制定了更为细致的平湖光机电省级高新技术特色产业基地发展规划，并组建了光机电产业促进中心和光机电测试中心；针对平湖光机电技术员工短缺的问题，劳动人事局在举办本地培训班的同时，还赴江苏、安徽、山西、陕西等地的职业中专学校招揽人才。这些措施极大地鼓舞和促进了外商投资企业的发展，也带动了本土企业的成长（王立军，2006；郭元勇，2008）。

促进产业升级。在借助外力迈出第一步之后，平湖市结合本地实际把自主创新的重点放在了打造公共技术平台，提升本地光机电企业层次上。2003 年 8 月，平湖市成立了光机电高新技术特色产业促进中心和高新技术创业服务中心，为本地企业提供公共技术支撑。同时，建立高新技术产业发展专项资金，每年安排 1000 万元高新技术产业化专项资金，扶持本地光机电产业。政府科技投入的加大，激发了本地光机电企业的创新热情。如嘉兴市恒业电子有限公司在得到市科技部门 50 多万元的项目资金后，于 2004 年成功开发出"小区集成抄表系统"；浙江伴宇电子有限公司在得到科技部门 120 多万元的资金扶持后，则开发出了新款 MP3 和电子硬盘，并先后获得国家重点新产品计划和国家"火炬"计划的支持。

为了进一步增强自主创新能力，平湖市正在构筑公共科技创新服务平台。2003 年 7 月，该市与清华大学联合成立浙江清华长三角研究院平湖院区，创办了我国光机电领域的第一个研究中心——集成光学研究所，并正在筹建光纤传感实验室，主要从事集成光学技术和产品的研发及其产业化，研究院计划通过四到五年的努力，将研究所建设成为国内技术水平一流、在亚洲地区有重要影响、国际知名的集成光学研发基地。2004 年 6 月 21 日，平湖市又与中科院上海硅酸盐研究所签订了共建中科院嘉兴中心平湖无机非金属材料分中心的协议。同时，平湖天一公司与上海硅酸盐研究所总投资 4750 万元的"一体化半透明氧化铝灯管"高技术产业化合作项目正在实施。这些研发平台的先后建立，已经为平湖市引进了近 20 名博士、副高以上的高级科技人才，为平湖光机电产业乃至整个高新技术产业提供了不竭的发展动力，促进平湖市通过引进、消化、吸收、再创新，实现产业结构的调整与升级。这些本土企业的研发与创新，提高了其在平湖经济中的比重，带动了相关产业的发展从而产生了联动效应，也在一定程度上减少了平湖发展过程中对外资的依赖。更为重要的是，避免平湖成为外商投资过程中的"飞地"，本土企业的发展使得整个产业集群即使外资撤出也不至于衰落。

第三节　高铁案例分析

一　技术引进策略

我国的铁路网目前分为高速、快速、常速三个档次，其中高速铁路是指在区间段能以 200 公里/小时以上速度运行的铁路，已建成运行的武汉至广州、郑州至西安的客运专线，快速铁路是指最高时速为 140—160 公里的铁路，如石家庄至太原、合肥至武汉、宁波至温州、温州至福州、福州至厦门、厦门至深圳的专线，常速铁路是指最高时速为 120—140 公里的铁路，如现有近 6 万公里的旧线为常速铁路（王梦恕，2010）。21 世纪初，中国列车平均时速仅 55 公里，铁路占国土面积的比重排名在世界第 60 位之后，客车装备制造水平仅相当于发达国家 20 世纪 70 年代的水平，而世界总体上已驶入了高速铁路时代，发达国家基本实现了大众长途旅行公交化，高铁成为世界上十多个国家和地区经济腾飞的助推器。[①] 为推动中国铁路快速发展，国务院于 2004 年初批复了"中长期铁路网规划"，根据该规划，到 2020 年全国铁路营运里程将从原 7 万公里增加到 10 万公里，并规划了"四纵四横"铁路高速、快速客运通道及三个城际快速客运网，其中高速铁路线路总长将达 1.6 万公里以上。[②]

建设如此大规模的高速铁路，除了铁路网的建设，高速列车的研制也是一项非常重要的基础工作。尽管在 2002 年，以自主创新为初衷的"中华之星"高速列车以 321.5 公里的时速创造了中国铁路试验速度的最高纪录，但该车型并未成为中国建设高速铁路的列车选择。2004 年，铁道部根据国务院的总体要求，组织国内企业引进时速 200 公里及以上动车组设计制造技术。其时，四家世界高铁的巨头德国西门子（Siemens）、法国阿尔斯通（Alstom）、日本川崎重工（Kawasaki Heavy Industries）和加拿大庞巴迪（Bombardier），正对中国庞大的铁路市场跃跃欲试。中国采取的引进技术的策略是，从国内 35 家列车生产企业中选择出长春轨道客车有限公司和青岛四方机车车辆股份有限公司作为引进技术的总装厂，只由这两家企业负责与国外厂商谈判，即"用一道大墙把国内所有资源围了起来，只给外方留一个小门"，通过"抱成团的企业统一对外，成功实现'以市场换技术'"。谈判之初，德国西门子公司自信能力拔头筹，开出了每列原型车价格 3.5 亿元人民币，技术转让费 3.9 亿欧元的天价。中方提出技术转让费降到 1.5 亿欧元以下，原型车单车价格降到 2.5 亿元人民币以

---

① 人民网：http://paper.people.com.cn/rmrb/html/2010－03/01/nw.D110000renmrb_20100301_5-01.htm, 2010 年 3 月 1 日。

② 铁道部：http://www.china-mor.gov.cn/tllwjs/tlwgh_6.html, 2010 年 11 月 30 日。

下，被西门子方拒绝。最终竞标结果：阿尔斯通、川崎、庞巴迪获得与中国企业合作的机会，西门子出局。这导致随后西门子股票狂跌，总裁引咎辞职，而其中国谈判团队被集体解雇。在第二年的竞标时，西门子吸取前车之鉴，与唐山轨道客车有限公司签订的合同中不仅原型车每列价格降到2.5亿元人民币，还以8000万欧元的低价转让了关键技术，在此60个列车的项目，中方节省了大约90亿元人民币的采购成本。谈判过程中方坚持关键技术必须转让、价格要有足够竞争力、产品必须使用中国品牌，在准确把握国内技术需求和国外关键技术状况的基础上，锁定当今世界上最先进、最成熟、最可靠的技术，针对性地要求外方转让国内急需的关键技术，并对设计图纸、检验文件、人员培训和外方技术指导等都提出了具体要求。国外高速列车巨头面对中国巨大市场诱惑和国内的整体谈判方式，不得不接受中方的条件。这样中国实现了"用最低的价格"、"引进先进技术，联合设计生产，打造中国品牌"的目标。这次技术引进彻底改变了以往引进一项关键技术，往往国内同行在外国公司面前互相抬价、各自谈判，结果被外国公司各个击破，花重金却不能引来核心技术，陷入"引进再引进"的怪圈，导致核心技术欠缺、巨大市场份额拱手相让的败局。①

二　消化吸收和再创新

通过战略性谈判，中国成功引进了高速铁路系统中的关键技术，在此基础上，中国企业加快了对引进的高铁技术的消化吸收和再创新。首先是搭起了动力分散型、时速200公里及以上和时速350公里的动车组技术平台。掌握了动车组总成、车体、转向架、牵引变压器、牵引变流器、牵引电机、牵引控制系统、制动系统、列车网络控制系统等九项核心技术以及相关的配套技术，迅速改变了我国机车车辆设计制造水平长时间在低水平徘徊的状况；其次是构建了一个集组织管理、研发设计、生产制造为一体的工作体系。各制造企业按照铁道部的统一部署，全面做好技术引进项目的组织实施，确定了主机厂作为消化吸收再创新的主体、由相关高校和科研院所参与重点课题联合攻关，涉及十多个省市140余家主要配套企业，并带动机械、冶金、电力、电子、信息、材料、网络控制等相关产业的迅

---

① 以上根据新华网整理：http：//news. xinhuanet. com/topbrands/2010 - 04/20/content _ 13391548. htm，2010 年 4 月 20 日。

速发展；最后，通过创新实践，建立了一支由管理人员、商务人员、技术人员、高级技工、运用及维护人员共同组成的高素质的工作队伍，在高起点上完成了人才队伍的构建，并邀请了几十名两院院士、数百名教授、研究员和上千名高级工程师、5000 余名工程技术人员参加高速动车组的自主创新。通过搭建技术平台、建设工作体系和人才队伍，中国取得了超常的再创新速度——不到 3 年时间，中国高速列车实现了近 30 年的跨越，达到了运营时速 350 公里的水平。统计表明，中国高速动车组不仅在技术水平上已经跻身世界先进行列，并已转化为现实运输生产力：自 2007 年 4 月 18 日铁路第六次大面积提速调图以来，先后投用动车组 145 组，日开行列车 480 列，累计发送旅客 14125.3 万人；京津城际高速铁路开通运营一月来共发送旅客 183.1 万人，较上年同期京津间客流增长了 128.4%，运行正点率达 98%。[①]

三　高铁案例的经验借鉴

中国高铁从技术引进、消化、吸收到再创新，具有典型的技术"蛙跳"式发展特征，总结其发展过程可发现，有两个不可或缺的方面是该项目取得成功的关键：一是战略性的技术引进谈判。在引进高铁技术时，中国没有把市场进行分割，而是将涉及的企业集中为唯一的战略买家，牢牢掌握了引进的主动权，同时要求外国企业转让核心技术，避免了技术引进企业各自为阵被外国公司各个击破的局面；二是技术引进后的消化、吸收和再创新，实现了对原有技术的超越。通过对高铁系统核心技术以及相关的配套技术的学习，真正掌握了这些技术并进行集中研发，在原有技术基础上取得新发展和突破。同时非常值得注意的是，中国高铁技术引进之所以取得成功，一个重要的前提是，中国巨大的国内市场是西门子等外国企业竞相争夺的重点，也是其与中方妥协同意低价转让技术的关键，如果没有国内市场筹码，能使外国公司妥协是不可想象的事。这也在一定程度上表明，中国在其他领域中"市场换技术"之所以不大成功，关键是策略上的安排失当，没有形成"一致对外"的局面，结果被各个击破。

---

① 根据人民网整理：http://politics.people.com.cn/GB/1027/7757735.html，2008 年 9 月 2日。

小　结

上文平湖的案例表明，其光机电产业集群形成发展的过程可以总结为这样一个发展模式：在政府推动下引进外资，启动了高技术产业发展的"引擎"，本土企业通过为外资企业提供配套，积累起资本、技术及管理经验，在产业集群发展到一定规模时，当地政府通过搭建公共研发和创新的平台，推动本土企业的跟进与创新，实现外资企业与本土企业互动发展，从而带动产业集群成长壮大。这种模式正是中国的外源型高技术产业集群成长的典范，也是中国沿海地区产业发展的一个缩影。

而高铁的案例则表明，以国内广阔的市场为筹码，通过技术引进主体的联合形成战略买家，取得谈判的主动权，在引进核心技术的基础上再创新，能够取得"蛙跳"式的进步。

尽管以上两个案例表明，中国部分高技术产业成功"嵌入"到全球产业链中，并与部分取得了"蛙跳"式的突破，但这并不意味着从"嵌入"到"蛙跳"是一个必然或自然的过程。高铁领域能取得"蛙跳"式发展的关键前提是巨大的国内市场潜力，而对于中国多数已"嵌入"到全球产业链中的产业而言，其原料和销售"两头在外"的加工贸易模式，显然难以采用高铁中以市场为筹码、统一买家、一致谈判的模式来获取先进技术，自然也难以实现"蛙跳"式发展。可见，以中国的产业现实来看，从"嵌入"到"蛙跳"转变的关键是开发国内市场需求——13亿人口不断成熟的消费需求，是任何一个国家都不具有的巨大优势，至少也应该是两头并重，即充分利用国际和国内两个市场。因而从"嵌入"到"蛙跳"的"拐点"就在于，改变多数加工贸易企业以出口为导向的经营模式，大力开发国内市场，为获取先进技术奠定谈判基础。当然，本国的技术研发积累也不可或缺。

第九章

结论与启示

第一节　主要结论

本书首先基于改进的非竞争型投入产出模型，提出了一个分析一国高技术产业国际分工地位的框架，以之实证测度了中国高技术产业的国际分工地位；其次从国内因素的视角出发，建立了一个分析发展中国家国际分工地位升级关键因素的理论框架，并以中国等发展中国家的数据对高技术产业国际分工地位升级的影响因素进行了实证分析；进而在分工地位测度和影响因素分析的基础上，从产业转移、技术吸收和本国技术进步的互动中，探索发展中国家高技术产业国际分工地位升级的路径选择；最后以平湖光机电产业集群和高铁技术"蛙跳"式发展对中国高技术产业国际分工地位演进作了典型案例分析。以上研究的基本结论是：

（1）参与全球产品内分工，尽管降低了单位出口所能带来的增加值，但却在更大程度上促进了生产效率的提高，从而在整体上使中国高技术产业国际分工地位得以快速提升。以"加权的增加值 – 生产率"来衡量，中国的高技术产业国际分工地位快速提高，但与主要发达国家还存在较大差距，传统方法高估了中国高技术产业的国际分工地位，市场势力的分析也印证了这一点。国际分工地位提升的主要动力来自生产效率的提升，并且其增幅超过了国内完全增加值率下降的幅度。国内中国高技术产业国际分工地位在区域间的差距非常明显，东部地区领先于中西部地区，但中西部地区增速较快。

（2）本国技术进步是影响发展中国家高技术产业的国际分工地位的关键因素，同时其人力资本和物质资本的积累也具有显著的影响作用，而FDI 的作用则相对有限。因而发展中国家寻求国际分工地位提升的重点是推动其国内技术创新、人力资本及物质资本的积累，而不是过度依赖于FDI等外部因素。中国则应更加注重国内的人力资本培育、研发投入的市场化导向和资本利用效率的提高。

（3）发展中国家可以借助产业转移阶段高级化、技术吸收能力提升和自我技术研发积累三者的互动，取得本国技术水平的"蛙跳"式进步，进而提高本国的国际分工地位。面对汹涌而来的FDI及其产业转移，发展中国家应着重考虑对产业转移和技术引进的学习效应，即技术吸收能力的提高，通过整合国内的技术研发而实现再创新。即使发达国家对产业转移进行限定，也仍然能够在具备一定发展基础之后，通过学习能力和自主研发能力的提高，突破发达国家技术限制与垄断，实现跨越式发展。

（4）抓住发达国家跨国公司生产基地向中国转移的机遇，在政府推动下引进外资，通过本土企业为外资企业提供配套，积累起资本、技术及管理经验，实现外资企业与本土企业互动发展，从而带动产业集群成长壮大，是东部地区乃至整个中国成功嵌入全球高技术产业链和价值链之中的典型过程，这为中国高技术产业国际分工地位提升奠定了不可或缺的基础；在引进外资和技术的过程中，需要充分利用国内市场筹码，通过联合"一致对外"形成战略买家，这是取得谈判主动权的关键，也是避免因各自为政被外方"俘获"的唯一选择。

第二节　政策启示

基于以上研究结论，对于中国高技术产业国际分工地位升级而言，可从以下方面着手提升：

（1）打破研发投入、技术进步和资本积累在促进经济发展和产业升级中的体制、机制性障碍，尤其是继续降低低效率的国有部门在总体研发投入中的比例、引导更多研发活动向市场化的企业集中，是发挥其在提升国际分工地位中应有作用的必然选择。中国的研发投入强度相对较低，而这有限的研发投入和资本投入还集中在低效率的国有部门，导致二者的产出效率低下，如此造成的结果是，尽管中国有着数量庞大的科研队伍和研发投入，但产出的技术成果却有限，而这些有限的技术产出向产业领域转化的程度则更低。因此，引导研发活动更多地向市场化的企业集中是促进中国高技术产业国际地位升级的必然选择。

（2）采取多种措施提高基数庞大的非技术劳动力的人力资本积累速度。尽管数量庞大、成本低廉的劳动力要素是中国参与国际分工的比较优势所在，但随着国际分工向纵深发展，单纯依赖于低端要素难免陷入"比较优势陷阱"之中，产业升级是必然的选择与出路，这就需要以人力资本的积累为基础，而由前文论述可知，人力资本积累具有双重的效应——通过技术劳动力的增加和非技术劳动力的减少来促使本国产业国际分工地位的提升。

（3）以国内广阔的市场为筹码，通过技术引进主体的联合形成战略买家，在引进核心技术的基础上再创新，取得"蛙跳"式发展。中国曾实行的"以市场换技术"的策略由于未能有效整合市场筹码和买家，最终的实际效果甚微，而被动地期待以跨国公司为主导的 FDI 带来技术溢出以提高本国技术水平，显然无异于缘木求鱼。中国高技术产业可借鉴引进高铁技术的经验，整合统一的市场与买家，掌握谈判主动权，避免技术引进企业各自为阵而被外国公司各个击破，在引进核心技术后，强化消化、吸收和再创新，实现对原有技术的超越，为国际分工地位跨越式提升奠定牢固基础。

（4）充分利用区域差距，通过产业的区域梯度转移与分工协作，实现中国高技术产业国际分工地位的提升。中国广阔的市场和明显的区域差距，为东部地区向中西部地区转移劳动密集型的产业和生产环节提供了有利条件。如果东部地区通过自主创新能力的提升和相对落后产业的向中西部转移，像"亚洲四小龙"曾经历的转移、升级一样，则中国高技术产业国际分工地位提升的前景可期。

第三节　进一步研究方向

本书基于非竞争型投入产出法分析了中国高技术产业的国际分工地位及其升级状况，在国际分工地位的准确测度和升级主导因素探索方面作了新的尝试，但由于研究的侧重点取舍，以及可获得性和数据时效性的制约，目前的研究尚存在以下不足：

其一，书中分析所用非竞争型投入产出法是线性的，如能进一步探索采用非线性的投入产出法用于高技术产业国际分工地位的研究，可在一定程度上增强分析结果的解释力，并对发展趋势进行预测。

其二，高技术本身具有高投入特征，而现代经济发展离不开金融的强大支撑，因而分析高技术产业国际分工地位提升过程中金融投入的作用，具有一定的现实意义。

其三，中国高技术产业国际分工地位的区域表现的研究中，如能将反映区域间经济联系的区域间投入产出表引入分析过程，可进一步深化该部分的研究。

其四，国内市场需求的开发，是从"嵌入"到"蛙跳"的"拐点"，这一命题有待作深入的理论和实证分析。

当然，一项尝试性研究难以涵盖所有可能的方面，而只能有所偏重，但以上都不失为值得进一步探索的方向。

参考文献

[1] Abbott III, Thomas, A., "Measuring High Technology Trade: contras-ting international trade administration and bureau of census methodologies and results", *Journal of Economic and Social Measurement*, Vol. 17, p. 17 – 44, 1991.

[2] Abbott, P. C., Patterson, P. M., and Reca, A., "Imperfect competi-tion and exchange rate pass through in the food processing sector", *American Journal of Agricultural Economics*, Vol. 75, p. 1226 – 1230, 1993.

[3] Abbott, T., Robert, McG. and Paul H. et al., "Measuring the trade balance in advanced technology products", *Discussion Papers, Center for Economic Studies of U. S. Bureau of the Census*, 1989.

[4] Acs, Z. J. Audretsch, D. B. and Feldman, M. P., "Real effects of aca-demic research: comment", *American Economic Review*, Vol. 82, p. 363 – 375, 1992.

[5] Acs, Z. J., Audretsch, D. B. and Feldman, M. P., "R&D Spillovers and Recipient Firm Size", *Review of Economics and Statistics*, Vol. 76, p. 336 – 340., 1994.

[6] Aiginger, K., "The use of unit values to discriminate between price and quality competition", *Cambridge Journal of Economics*, Vol. 21, No. 5, p. 571 – 592, 1997.

[7] Almeida, P. and Kogut, B., "Localization of knowledge and the mobility of engineers in regional networks", *Management Science*, Vol. 45, p. 905 – 916, 1999.

[8] Amiti, M. and Freund C., "An anatomy of China's export growth", *NBER Working Paper*, 2008.

[9] Anania, G. , "Modeling Agricultural Trade Liberalization and Its Implica-tion for the European Union", *Working Paper*, No. 12, Instituto Nazion-ale di Economia Agraria, 2001.

[10] Andrea Fosfuri and Thomas Ronde. , "High – tech clusters, technology spillovers, and trade secret laws", *International Journal of Industrial Or-ganization*, Vol. 22, p. 45 – 65, 2004.

[11] Anselin, L. , Varga, A. and Acs, Z. , "Local Geographic Spillovers between University Research and High Technology Innovations", *Journal of Urban Economics*, Vol. 42, p. 422 – 448, 1997.

[12] Archibugi D. and Coco, A. , "A New Indicator of Technological Capabil-ities for Developed and Developing Countries (ArCo)", *World Develop-ment*, Vol. 32, No. 4, p. 629 – 654, 2004.

[13] Audretsch, D. B. and Feldman, M. P. , "R&D Spillovers and the Geog-raphy of Innovation and Production", *American Economic Review*, Vol. 86, p. 630 – 640, 1996.

[14] Bain, J. , "Relation of Profit to Industrial Concentration—American Manufacturing 1936 – 1940", *Quarterly Journal of Economics*, Vol. 65, No. 3, p. 293 – 336, 1951.

[15] Baker, J. B. and Bresnahan, T. F. , "Estimating the Residual Demand Curve Facing a Single Firm", *International Journal of Industrial Organi-zation*, Vol. 6, No. 3, p. 283 – 300, 1988.

[16] Balassa, B. , "Tariff Reductions and Trade in Manufacturing among the Industrial Countries", *American Economic Review*, Vol. 56, p. 466 – 473, 1966.

[17] Balassa, B. , "The determinants of intra – industry specialization in Unit-ed States trade", *Oxford Economic Papers*, New Series Vol. 2, p. 220 – 233, 1986.

[18] Balassa, B. , "Trade Liberalization and "Revealed" Comparative Ad-vantage", *The Manchester School of Economic and Social Studies*, Vol. 2, p. 99 – 123, 1965.

[19] Baldwin, R. E. (ed.) *Trade policy issues and empirical analysis*, Chi-cago: University of Chicago Press, 1988.

[20] Baldwin, R., Martin, P. and Ottaviano, G., "Global Income Divergence, Trade and Industrialization: The Geography of Growth Take – Off", *Journal of Economic Growth*, Vol. 6, p. 5 – 37, 2001.

[21] Barrios, S., Bertinelli, L. and Strobl, E., "Agglomeration economies and the location of industries: A comparison of three small European countries", *CORE Discussion Paper* 67, 2003.

[22] Bils, M., "Measuring the Growth form Better and Better Goods", *NBER Working Paper*, 10606, 2004.

[23] Blomstrom, M. and Persson, H., "Foreign Investment and Spillovers Efficiency in an Underdevelopment Economy: Evidence from the Mexcian Manufacturing Industry", *World Development*, Vol. 11, No. 6, p. 493 – 501, 1983.

[24] Boorstein, R. and Feenstra, R. C., "Quality upgrading and its welfare cost in U. S. steel imports 1969 – 74", *NBER Working Paper* 2452, 1987.

[25] Borrus, M., Ernst, D. and Haggard, S. *International Production Networks in Asia. Rivalry or Riches?* London: Routledge, 2000.

[26] Bowley, A. L. *The mathematical groundwork of economics: an introductory treatise*, Oxford, *Clarendon Press*, 1924.

[27] Branstetter, L. and Lardy, N., "China's emergence of globalization", *NBER Working Paper*, 12373, 2006.

[28] Brezis, E. S and Krugman, P. R and Tsiddon, D., "Leapfrogging in International Competition: A Theory of Cycles in National Technological Leadership", *American Economic Review*, Vol. 83, No. 5, p. 1211 – 19, 1993.

[29] Cantwell, J. and Iammarino, S. *Multinational Enterprises and European Regional Systems of Innovation*, London: Routledge, 2003.

[30] Caves, R., "Multinational Firms, Competition and Productivity in Host – country Markets", *Economica*, Vol. 41, No. 162, p. 176 – 193, 1974.

[31] Chandler, A. D. and Cortada, J. W., "The Information Age: Continuities and Differences", In, P. Chandler, A. D. Cortada J. W. (Eds.) *A Nation Transformed by Information*, Oxford University Press, p. 281 –

300, 2000

[32] Chen, E. K. Y., "Multinational Corporations and Technology Diffusion In Hongkong Manfacturing", *Applied Economics*, Vol. 15, p. 309 – 321, 1983.

[33] Dagenais, M. G. and Muet, P. A., *International Trade Modeling*, London: United Kingdom Chapman and Hall, 1992.

[34] Dalum, B., Laursen, K. and Verspagen, B., "Does Specialization Matter for Growth", *Industrial and Corporate Change*, Vol. 8, No. 2, p. 267 – 288, 1999.

[35] Dalum, B., Laursen, K. and Villumsen, G., "Structural Change in OECD Export Specialization Patterns: Despecialization and ' Stickiness'", *International Review of Applied Economics*, Vol. 3, p. 442 – 443, 1998.

[36] Daniel, F. and Burton, J., "High – Tech Competitiveness", *Foreign Policy*, Vol. 92, p. 117 – 118 and 120 – 132, 2000.

[37] Davis, D. R. and Weinstein, D. E., "An Account of Global Factor Trade", *American Economic Review*, Vol. 91, No. 5, p. 1423 – 1453, 2001.

[38] Davis, D. R. and Weinstein, D. E., "International Trade as an "Integrated Equilibrium": New Perspectives", *American Economic Review*, Vol. 9, No. 2, p. 150 – 154, 2000.

[39] Davis, L., "The Indirect Influence of R&D on Trade Performance", Staff Report, International Trade Administration U. S. Department of Commerce and Economics p. 374 – 388, 1983.

[40] Dean, J., Fung, K. and Wang, Z., "Measuring the Vertical Specialization in Chinese Trade", *Working Paper of U. S. International Trade Commission Office of Economics*, No. 2007 – 01 – A, 2007.

[41] Dedrick J., Kraemer K. L. and Linden G., "Who Profits from Innovation in Global Value Chains? A study of the iPod and Notebook PCs", U. S. – China Hi – Tech Trade Conference Paper, School of Public Policy and Management Tsinghua University Beijing, 2009.

[42] Demsetz, H. Industry Structure, "Market Rivalry, and Public Policy",

Journal of Law and Economics, University of Chicago Press, 1973.

[43] Devereux, M. P., Griffith, R. and Simpson, H., "The Geographic Distribution of Production Activity in the UK", *Reg Sci Urban Econ*, Vol. 34, p. 553 – 564, 2004.

[44] Dicken, P., *Global Shift: The Internationalization of Economic Activity*, London: Paul Chapman, 1992.

[45] Dixit, A. K. and Grossman, G., "Targeted Export Promotion with Several Oligopolistic Industries", *Journal of International Economics*, Vol. 21, p. 233 – 49, 1986.

[46] Dunning, J. *International Production and the Multinational Enterprise*, London: George Allen and Unwn, 1981.

[47] Ellison, G. and Glaeser, E. L., "Geographic Concentration in U. S Manufacturing Industries: A Dartboard Approach", *J Polit Econ*, Vol. 105, No. 5: 879 – 927, 1997.

[48] Ernst, D. and Kimb, L., "Global Production Networks, Knowledge Diffusion, and Local Capability Formation", *Research Policy*, Vol. 31, p. 1417 – 1429, 2002.

[49] Ernst, D., "The New Mobility of Knowledge: Digital Information Systems and Global Flagship Networks", In, P. Latham, R. Sassen S. (Eds.) *Cooperation and Conflict in a Connected World*. Routledge.

[50] Fabrizio, S., Deniz I. and Ahoka, M., "The Dynamics of Product Quality and International Competitiveness", *IMF Working Paper*, 2007.

[51] Fagerberg, J., "International Competitiveness", *Economic Journal*, Vol. 98, No. 391, p. 355 – 374, 1988.

[52] Feenstra, R. C. *Empirical Methods for International Trade*, Cambridge, MA: MIT Press, 1988.

[53] Feldman, M. P., "Knowledge Complementary and Innovation", *Small Business Economics*, Vol. 6, p. 363 – 372, 1994.

[54] Ferrantino, M. Koopman, R and Wang, Z., "Classification of Trade in Advanced Technology Products and its Statistics Reconciliation: The Case of China and the United States", *Joint Working Paper on U. S. – China Trade in Advanced Technology Products*, 2006.

[55] Ferrantino, M. , Koopman, R. and Wang Z. , "Classification of Trade in Advanced Technology Products and its Statistics Reconciliation: The Case of China and the United States", *Joint Working Paper on U. S. - China Trade in Advanced Technology Products*, 2006.

[56] Findlay, R. , "International Specialization and the Concept of Balanced Growth: Comment ", *The Quarterly Journal of Economics*, Vol. 2, p. 339 - 346, 1959.

[57] Flam, H. and Helpman, E. , "Industrial Policy under Monopolistic Competition", *Journal of Internalional Economics*, Vol. 22, p. 79 - 102, 1987.

[58] Garcia, R. and Scur, G. , "Knowledge Management in Local Systems in the Brazilian Ceramic Tile Industry and the New Challenges of Competition in the Global Value Chain", *Proceedings of the 8th European Conference on Knowledge Management*, 2007.

[59] Gaulier, G. Lemoine, F. and Unal - Kesenci, D. , "China's Integration in East Asia: Production Sharing, FDI and High - Tech Trade", Econ Change, Vol. 40, p. 27 - 63, 2007.

[60] Gereffi, G. , "International Trade and Industrial Upgrading in the Apparel Commodity Chain ", *Journal of International Economics*, Vol. 48: 56 - 75, 1999.

[61] Gereffi, G. , "The Organization of Buyer - Driven Global Commodity Chains: How U. S. Retailers Shape Overseas Production Networks", in G. Gereffi and M. Korzeniewicz (Eds.), *Commodity Chains and Global Capitalism*, Westport: Praeger, 1994.

[62] Gibbon P, Bair J, and Ponte S. , "Governing Global Value Chains: An Introduction", *Economy and Society*, Vol. 37, No. 3, 2008.

[63] Goldberg, P. K. and Knetter, "M. Measuring the Intensity of Competition In Export Markets ", *Journal of International Economics*, Vol. 47, p. 27 - 60, 1999.

[64] Greenaway, D. and Winters, L. A. *Surveys in International Trade*, Oxford: United Kingdom Blackwell, 1994.

[65] Griliches, Z. , "The Search for R&D Spillovers", *Scandinavian Journal*

of Economics, Vol. 94, p. 29 – 47, 1992.

[66] Grossman, G. M. and Helpman, E., "Outsourcing in a Global Economy", *Review of Economic Studies*, Vol. 72, p. 135 – 159, 2005.

[67] Grossman, G. M. and Helpman, E., "Outsourcing versus FDI in Industry Equilibrium", *Journal of the European Economic Association*, Vol. 1, No. 3, p. 317 – 327, 2003.

[68] Grossman, G. M., and Helpman, E. *Innovation and Growth in the Global Economy*, Cambridge: Mass. MIT Press, 1991.

[69] Grossman, G. M., and Helpman, E., "Endogenous innovation in the Theory of Growth", *Journal of Economic Perspectives*, No. 81, p. 23 – 44, 1994.

[70] Grubel, H. G., "Intra – Industry Specialization and the Pattern of Trade", *The Canadian Journal of Economics and Political Science*, Vol. 3: 374 – 388, 1967.

[71] Grubel, H. G. and Johnson, H., "The Welfare Implications of Effective Protection", In, P. Grubel HG, Johnson HG (Eds.), *Effective Tariff Protection. Graduate Institute of International Studies and General Agreement on Tariffs and Trade*, Geneva, 1971.

[72] Grubel, H. G. and Lloyd, P. J., *Intraindustry Trade: The Theory and Measurement of International Trade in Differentiated Products*, London: United Kingdom Macmillan, 1975.

[73] Grubel, H. G. and Lloyd, P. J., "The Empirical Measurement of Intra-industry Trade", *The Economic Record*, Vol. 47, p. 494 – 517, 1971.

[74] Guerrieri, P. and Milana, C., "Changes and Trends in the World Trade in High – Technology Products", *Cambridge Journal of Economics*, Vol. 19 No. 5, p. 225 – 242, 1995.

[75] Haddad M. and Harrison, A., "Are there Positive Spillovers from Direct Foreign Investment? Evidence from Panel Data for Morocco", *Journal of Development Economics*, Vol. 42, No. 1, p. 51 – 74, 1993.

[76] Hall, R. E., "The Relation between Price and Marginal Cost in U. S. Industry", *Journal of Political Economy*, Vol. 96, No. 5, p. 921 – 947, 1988.

[77] Hallak, J. C. and Schott, P. K., "Estimating Cross – Country Differences in Product Quality", *NBER Working Paper*, No. 13807, 2008.

[78] Hallak, J. C. and Schott, P. K., "Estimating Cross – Country Differences in Product Quality", *NBER Working Paper*, No. 13807, 2008.

[79] Hallak, J. C., "Product Quality and the Direction of Trade", *Journal of International Economics*, Vol. 7, No. 681: 238 – 265, 2006.

[80] Hallak, Juan C. and Schott, P. K., "Estimating Cross – Country Differences in Product Quality", *NBER Working Paper*, No. 13807, 2009.

[81] Harris, R. G., "Globalisation, Trade and Income", *Canadian Economic Journal*, Vol. 26, No. 6, p. 755 – 776, 1993.

[82] Haruna Shoji, Jinji Naoto and Zhang Xingyuan., "Patent citations, technology diffusion, and international trade: evidence from Asian countries", *Journal of Economics and Finance*, Springer Boston Published online, 12, 2009.

[83] Hausmann, R. and Rodrik, D., "Economic Development as Self – Discovery", *Journal of Development Economics*, 1993.

[84] Hausmann, R. and Rodrik, D., "Economic development as self – discovery", *Journal of Development Economics*, Vol. 72: 603 – 633, 2003.

[85] Hausmann, R., Huang, Y. and Rodrik, D., "What You Export Matters", *NBER Working Paper*, No. 11905, 2005.

[86] Henderson, V., "Externalities and Industrial Development", *J Urban Econ*, Vol. 42, p. 449 – 470, 1997.

[87] Hooper, P. and Richardson, J. D. (eds.) *International Economic Transactions: Issues in Measurement and Empirical Research*, Chicago: IL University of Chicago Press, 1991.

[88] Hummels, D. J. and Klenow, P. J., "The Variety and Quality of a Nation's Exports", *American Economic Review*, Vol. 95, p. 704 – 723, 2005.

[89] Hummels, D. J., Ishii and Yi, Kei – Mu., "The Nature and Growth of Vertical Specialization in World Trade", *Journal of International Economics*, Vol. 54, p. 75 – 96, 2001.

［90］ Humphrey, J. and Schmitz, H. , "Chain Governance and Upgrading: Taking Stock, in Schmitz, H. (Ed.), *Local Enterprises in the Global E-conomy: Issues of Governance and Upgrading*, Cheltenham: Elgar, 2004.

［91］ Iapadre, L. , "Measuring International Specialization", *International Advances in Economic Research*, Vol. 2, p. 38 – 59, 2001.

［92］ IMD (International Institute for Management Development) . , *The World Competitiveness Yearbook* 2005, Lausanne: IMD – World Competitiveness Center, 2005.

［93］ Johnson, H. G. *Direct Foreign Investment in Asia and Pacific*, *University of Toronto Press*, 1972.

［94］ Karunaratne, N. D. , "High – Tech Innovation, Growth and Trade Dynamics in Australia", *Open Economies Review*, No. 82, p. 151 – 170, 1997.

［95］ Kokko, A. , "Technology, Market Characteristics, and Spillovers", *Journal of Development Economics*, Vol. 43, No. 2: 279 – 293, 1994.

［96］ Kokko, A. , Tansini, R. and Zejan, M. C. , "Local Technological Capability and Productivity Spillovers from FDI in the Uruguayan Manufacturing Sector", *The Journal of Development Studies*, Vol. 32, No. 4, p. 600 – 611, 1996.

［97］ Koopman R. , Wang Z. and Wei S. J. , "How Much of Chinese Exports Is Really Made in China? Assessing Foreign and Domestic Value – Added in Gross Exports", *NBER Working Paper*, No. 14109, 2008.

［98］ Krugman, P. R. , "Intraindustry Specialization and the Gains from Trade", *The Journal of Political Economy*, Vol. 5, p. 959 – 973, 1981.

［99］ Krugman, P. R. , "Scale Economics, Product Differentiation, and the Pattern of Trade", *American Economic Review*, Vol. 70, p. 950 – 959, 1980.

［100］ Kumar, N. , *Multinational Enterprises and Industrial Organization: The case of India*, New Delhi: Sage Publication, 1994.

［101］ Lafay, J. and Herzog, C. , *Commerce International: La Fin des Avantages Acquis*, Paris: France Centre d'Etudes Prospectives et d'Informations Intemationales, 1989.

[102] Lafay, J. , "The Measurement of Revealed Comparative Advantages". in M. G. Dagenais. P. A. Muet, (Eds.), *International Trade Modeling*, London: United Kingdom Chapman, 1992.

[103] Lall, S. and Albaladejo, M. , "China's Competitive Performance: A Threat to East Asian Manufactured Exports", *World Development*, Vol. 32, p. 1441 – 66, 2004.

[104] Lall, S. and Albaladejo, M. , "Indicators of the Relative Importance of IPRs in Developing Countries", Geneva: UNCTAD (http: // www. ictsd. org/unctad – ictsd/) , 2001.

[105] Lall, S. and Weiss, J. , "The Sophistication of Exports: A New Trade Measure", *World Development*, Vol. 34, p. 222 – 37, 2006.

[106] Lall, S. , "The Technological Structure and Performance of Developing Country Manufactured Exports, 1985 – 98", *Oxford Development Studies*, Vol. 28, No. 3, p. 337 – 369, 2000.

[107] Lall, S. , M. Albaladejo, and J. Zhang. , "Mapping Fragmentation: Electronics and Automobiles in East Asia and Latin America", *Oxford Development Studies*, Vol. 32, No. 3, p. 407 – 432, 2004.

[108] Leamer, E E. and Stern R. M. *Quantitative International Economics*, Chicago: IL Aldine, 1970.

[109] Leamer, E. E. and Levinsohn, J. , "International Trade Theory: The Evidence", in G. M. Grossman. K. Rogoff, eds. *Handbook of International Economics*, Amsterdam: Netherlands Elsevier, p. 1339 – 94, 1995.

[110] Lerner, A. , "The Concept of Monopoly and the Measurement of Monopoly Power", *The Review of Economic Studies*, Vol. 1, p. 157 – 175, 1934.

[111] Lewis. *The Theory of Economic Growth*, Homewood Illinois, 1955.

[112] Linder, S. *An Essay on Trade and Transformation*, New York: John Wiley, 1961.

[113] Liu M. F. and Cui J. L. , "A Study on the Mechanism of Automotive Logistics Industry Cluster Embedded in Global Value Chain", *5th Interna-*

tional Conference on Innovation and Management Maastricht, Netherlands, 2008.

[114] Liu Yong. , "Firms of China in the Global Value Chains: Dynamic Innovation Pattern and Upgrading Stratagem", *Entrepreneurial Strategy Innovation and Sustainable Development*, No. 37, p. 45 – 62, 2007.

[115] Long V. and Riezman R. , "Fragmentatiaon, Outsoucing and Service sector", *CIRANO Working Paper*, No. 43, 2001.

[116] Mani, S. , "Exports of High Technology Products from Developing Countries: Is It a Real or Statistical Artifact?", *Discussion Paper* of UN-UINTECH, Maastricht, 2000 – 1, 2000.

[117] Mansfield, E. and Romeo, A. , "Technology Transfer to Overseas Subsidiaries by U. S. – Base Firms", *Quarterly Journal of Economics*, Vol. 95, p. 737 – 750, 1980.

[118] Mansfield, E. and Romeo, A. , "Technology Transfer to Overseas Subsidiaries by U. S. – Base Firms", *Quarterly Journal of Economics*, Vol. 95, P. 737 – 750, 1992.

[119] Markusen, J. R. , "Derationalizing tariffs with specialized intermediate inputs and differentiated final goods", *Journal of International Economics*, Vol. 28 375 – 84, 1990.

[120] Markusen, J. R. , "Trade in Producer Services and in other Specialized, Intermediate Inputs", *American Economic Review*, Vol. 79, p. 85 – 95, 1989.

[121] Marshall, A. *Principles of Economics*, London: MacMillan, 1920.

[122] Martin, P. and Ottaviano, G. , "Growing Locations: Industry Location in a Model of Endogenous Growth", *European Economic Review*, Vol. 43, p. 281 – 302, 1999.

[123] Massimo Beccarello, "Time Series Analysis of Market Power: Evidence from G – 7 Manufacturing", *International Journal of Industrial Organization*, Vol. 15: 123 – 136, 1996.

[124] Maurel F, Sédillot B. , "A Measure of the Geographic Concentration in French Manufacturing Industries", *Reg Sci Urban Econ*, Vol. 29: 575 – 604, 1999.

[125] Mayer J. , Butkevicius, A. and Kadri, A. , "Dynamic Products in World Ex – ports", *Discussion Papers of UNCTAD*, 159, Geneva, 2002.

[126] Michaely, M. , Trade, *Income Levels, and Dependence*, Amsterdam: North – Holland, 1984.

[127] Montias, J. M. , "Balanced Growth and International Specialization: A Diagrammatic Analysis", *Oxford Economic Papers*, New Series Vol. 2, p. 202 – 20, 1961.

[128] Nadvi, K. and Halder, G. , "Local Clusters in Global Value Chains: Exploring Dynamic Linkages Between Germany and Pakistan", *Entrepreneurship and Regional Development*, Vol. 17, No. 5, p. 98 – 116, 2005.

[129] Nadvi, K. , "Global Standards, Global Governance and the Organization of Global Value Chains", *Journal of Economic Geography*, Vol. 8, No. 3, p. 122 – 147, 2008.

[130] Nelson, R. R. and Winter, G. W. *An Evolutionary Theory of Economic Change*, Cambridge: Mass. Harvard University Press, 1982.

[131] Nevo Aviv. , "Measuring Market Power Using Discrete Choice Models of Demand: An Application to the Ready – to – Eat Cereal Industry", *Proceedings of NE – 165 Conference June* 20 – 21, Washington D. C, 1996.

[132] NSF (National Science Foundation) . *Science and Technology Indicators* 2002, Washington D. C. : National Science Board, 2002.

[133] Nunn, Nathan. , "Relationship – Specificity, Incomplete Contracts and the Pattern of Trade", *The Quarterly Journal of Economics*, Vol. l5: 569 – 600, 2007.

[134] Nurkse. *Problems of Capital Formation in Underdeveloped Countries*, New York, 1955.

[135] OECD (Organisation for Economic Cooperation) . *Science, Technology and Industry Scoreboard* 2003, Paris: OECD, 2003.

[136] Porter, M. E. *The Competitive Advantage of Nations*, London: Macmillan, 1990.

[137] Preeg, Ernset, H. *The Threatened U. S. Competitive lead in Advanced*

Technology Products (*ATP*), Wahington: Manufactures Alliance/MA-
PI, March, 2004.

[138] Rodrik, D. , "What's So Special about China's Exports", NBER
Working Paper Series, January 2006.

[139] Rodrik, D. , "What's So Special about China's Exports?", *China and
World Economy*, Vol. 14, p. 1 – 19, 2006.

[140] Rogoff. , (eds.) *Handbook of International Economics* 3, Amsterdam:
Elsevier, p. 1339 – 94, 1995.

[141] Romer, P. M. , "Endogenous Technological Change", *Journal of Po-
litical Economy*, Vol. 98, No. 5, p. 71 – 102, 1990.

[142] Rosenstein, R. , "Problems of Industrialization of Eastern and South –
Eastern Europe", *Economic Journal*, Vol. 9, p. 202 – 11, 1943.

[143] Schott, P. K. , "The Relative Sophistication of Chinese Exports",
NBER Working Paper No. 12173, 2006.

[144] Schott, P. K. , "The Relative Sophistication of Chinese Exports",
NBER Working Paper Series, 2006.

[145] Schumpeter, J. *The Theory of Economic Development*, Cambridge:
Mass. Harvard University Press, 1934.

[146] Scitovsky. , "Two Concepts of External Economies", *Journal of Politi-
cal Economy*, Vol. 12, p. 14 – 51, 1954.

[147] Shao XF, and Chi RY. , "Integrating Textile Industry into Global Value
Chain Stage – Case Study from Shaoxing Sector in Zhejiang Province",
*Proceedings of the Eighth West Lake International Conference on
SMB*, 2006.

[148] Sheahan, J. , "International Specialization and the Concept of Balanced
Growth", *The Quarterly Journal of Economics*, Vol. 2, p. 18197, 1958.

[149] Sheahan, J. , "International Specialization and the Concept of Balanced
Growth: Reply", *The Quarterly Journal of Economics*, Vol. 2, p.
346 – 347, 1959.

[150] Sim, N. C. S. , "International Production Sharing and Economic Devel-
opment: Moving up the Value – Chain for a Small – Open Economy",
Applied Economics Letters, Vol. 11 No. 14, p. 885 – 889, 2004.

[151] Solow, R. M. *Growth theory: An exposition*, Oxford: Oxford University Press, 1970.

[152] Srholec, M., "High – Tech Exports from Developing Countries: A Symptom of Technology Spurts or Statistical Illusion", *Review of World Economics*, Vol. 143, No. 2, p. 227 – 255, 2007.

[153] Tadmor, Z., "Israel towards Unique Historical Golden Opportunities", *High – Technion*, Vol. 3, p. 16 – 17, 1997.

[154] Thomsen, L., "Accessing Global Value Chains? The Role of Business – State Relations in the Private Clothing Industry in Vietnam", *Journal of Economic Geography*, Vol. 7, No. 6, p. 233 – 267, 2007.

[155] U. S. Science and Engineering Indicators 2008 (http://www. nsf. gov/statistics/seind08/).

[156] UN (United Nations)., *World Investment Report*, 1992.

[157] UNCTAD (United Nations Conference on Trade and Development)., *Trade and Development Report* 2002: *Export Dynamism and Industrialization in Developing Countries*, Geneva: UNCTAD, 2002b.

[158] UNCTAD (United Nations Conference on Trade and Development)., *World Investment Report* 2002: *Transnational Corporations and Export Competitiveness*, Geneva: UNCTAD, 2002a.

[159] UNDP (United Nations Development Programme). *Human Development Report* 2001: Making New Technologies Work for Human Development, Oxford: Oxford University Press, 2001.

[160] UNIDO (United Nations Industrial Development Organization). *Industrial Development Report* 2002/2003: *Competing through Innovation and Learning*. Vienna: UNIDO, 2002.

[161] Wang, S. G. Wu, Y. L. and Li, Y. J., "Development of Technopoles in China", *Asia Pacific Viewpoint*, Vol. 3, p. 281 – 300, 1998.

[162] Wang, Z. and Wei, S. J., "The Rising Sophistication in China's Exports: Assessing the Roles of Processing Trade, Foreign Invested Firms, Human Capital and Government Policies", *NBER Conference on China's Growing Role in World Trade*, 2007.

[163] Xu Bin and LU Jiangyong., "Foreign direct investment, processing

trade，and the sophistication of China's exports"，*China Economic Review*，*Vol.* 20，No. 3，p. 425 – 439，2009.

[164] Xu Bin and Lu Jiangyong.，"The Impact of Foreign MNEs on Export Sophistication of Host Countries：Evidence from China"，*Working Paper*，*China Europe International Business School*，2007.

[165] Xu，Bin.，"Measuring China's Export Sophistication"，*Working Paper*，*China Europe International Business School*，2007.

[166] Yang，S. R. and Lee，W. J.，"Exporters' Market Power in Agricultural Import Markets in Korea"，*Presentation for Selected Paper Session*，*American Agricultural Economics Association Chicago*，2001.

[167] Ying Zhou.，"Clusters psila risk of developing countries：from the view of global value chain"，2008 *IEEE International Conference on Management of Innovation and Technology（ICMIT 2008）*，Bangkok Thailand，2008.

[168] Young，A.，"Increasing Returns and Economic Progress"，*Economic Journal*，Vol. 11，p. 527 – 42，1928.

[169] Zhang Wensong and Zheng Jieqi.，"Global Value Chain Management and the Mode Choice of Chinese Logistics Enterprises"，*International Conference on Logistics Engineering and Supply Chain*，Changsha China，2008.

[170] Zhu Qing.，"International Market Power Extension of Footwear Industries of Zhejiang Province In Global Value Chains"，*Proceedings of the Third International Symposium on Global Manufacturing and China*，2007.

[171] 陈勇：《FDI 路径下的国际产业转移与中国的产业承接》，硕士学位论文，东北财经大学，2007 年。

[172] 樊纲、关志雄和姚枝仲：《国际贸易结构分析：贸易品的技术分布》，《经济研究》2006 年第 8 期。

[173] 范爱军：《中韩两国出口制成品的技术结构比较分析》，《国际贸易》2007 年第 3 期。

[174] 范承泽、胡一帆和郑红亮：《FDI 对国内企业技术创新影响的理论与实证研究》，《经济研究》2008 年第 1 期。

[175] 符淼：《外商直接投资技术溢出效应的空间计量分析》，《国际金融

与投资》2009 年第 4 期。

[176] 高铁梅：《计量经济学分析方法与建模》，清华大学出版社 2006 年版。

[177] 关志雄：《从美国市场看"中国制造"的实力：以信息技术产品为中心》，《国际经济评论》2002 年第 7—8 期。

[178] 郭元勇：《上海市 AB 功能区域发展战略初探》，硕士学位论文，复旦大学，2008 年。

[179] 何洁：《外商直接投资对中国工业部门的外溢效应的进一步精确量化》，《世界经济》2000 年第 8 期。

[180] 黄先海、陈晓华：《中国企业国际市场势力的测度与分析》，全球性经济困境下政府与企业角色的再审思两岸学术研讨会，中国台北，2009 年 7 月。

[181] 黄先海、杨高举：《中国高技术产业的国际分工地位研究——基于非竞争型投入产出模型的跨国分析》，《世界经济》2010 年第 5 期。

[182] 黄先海、杨高举：《高技术产业的国际分工地位：文献述评与新的分析框架》，《浙江大学学报（人文社会科学版）》2009 年第 6 期。

[183] 江小涓、李蕊：《FDI 对中国工业增长和技术进步的贡献》，《中国工业经济》2002 年第 7 期。

[184] 蒋殿春、张宇：《经济转型与外商直接投资技术溢出效应》，《经济研究》2008 年第 7 期。

[185] 金芳：《国际分工的深化趋势及其对中国国际分工地位的影响》，《世界经济研究》2003 年第 3 期。

[186] 金芳：《中国国际分工地位的变化、内在矛盾及其走向》，《世界经济研究》2008 年第 5 期。

[187] 课题组：《中国高新技术产品分类机制前沿探索》，财政部课题报告，2007 年。

[188] 赖明勇：《外商直接投资与技术外溢：基于吸收能力的研究》，《经济研究》2004 年第 8 期。

[189] Lawrence J. Lau、陈锡康、杨翠红等：《非竞争型投入产出模型及其应用——中美贸易顺差透视》，《中国社会科学》2007 年第 5 期。

［190］ 李海峥等：《中国人力资本的测量及人力资本指标体系的构建》，"中国人力资本与劳动经济研究中心"课题报告，中央财经大学，2009 年。

［191］ 李平、余国才：《FDI 技术溢出与中国消化吸收能力的双门限特征研究》，《第九届中国经济学年会论文集》，杭州·浙江大学，2009 年。

［192］ 李文军：《资本市场的效率：理论与实证》，《中国社会科学院研究生院博士学位论文》2002。

［193］ 林珏：《中国产品国际竞争力之分析》，《财经研究》2006 年第11 期。

［194］ 刘飞：《我国承接产业转移、创新与经济增长关系实证研究》，博士学位论文，上海财经大学，2008 年。

［195］ 刘巳洋、路江涌和陶志刚：《外商直接投资对内资制造业企业的溢出效应：基于地理距离的研究》，《经济学（季刊)》2008 年第1 期。

［196］ 刘志彪、张少军：《中国地区差距及其纠偏：全球价值链和国内价值链的视角》，《学术月刊》。

［197］ 刘志彪：《生产者服务业及其集聚攀升全球价值链的关键要素与实现机制》，《中国经济问题》。

［198］ 刘志彪：《中国贸易量增长与本土产业升级：基于全球价值链的治理视角》，《学术月刊》2007 年第2 期。

［199］ 卢锋：《产品内分工：一个分析框架》，《经济学（季刊)》2004 年第10 期。

［200］ 路江涌：《外商直接投资对内资企业效率的影响和渠道》，《经济研究》2008 年第6 期。

［201］ 陆菁、杨高举：《中国高技术产业国际市场势力估计中的"统计假象"》，《管理世界》2011 年第2 期。

［202］ 罗雨泽：《外商直接投资的空间外溢效应：对中国区域企业生产率影响的经验检验》，《经济学（季刊)》2008 年第2 期。

［203］ 吕政：《国际产业转移与中国制造业发展》，北京：经济管理出版社 2006 年版。

［204］ 潘悦、杨镭：《产业的全球化趋势与发展中国家的产业升级》，《财

贸经济》2002 年第 10 期。

[205] 潘悦：《在全球化产业链条中加速升级换代》，《中国工业经济》
2002 年第 6 期。

[206] 平新乔：《市场换来了技术吗?》，《国际经济评论》2007 年第
9 期。

[207] 平新乔：《中国出口贸易中的垂直专门化与中美贸易》，《世界经
济》2006 年第 5 期。

[208] 齐俊妍：《中国是否出口了更多高技术产品》，《世界经济研究》
2008 年第 9 期。

[209] 齐俊妍：《基于产品技术含量和附加值分布的国际贸易结构分析方
法研究》，《现代财经》2006 年第 8 期。

[210] 沈坤荣、耿强：《外国直接投资、技术外溢与内生经济增长》，《中
国社会科学》2001 年第 5 期。

[211] 盛斌、马涛：《中国工业部门垂直专业化与国内技术含量的关系研
究》，《世界经济研究》2008 年第 8 期。

[212] 覃晓铁：《高新技术产业投入产出模型编制的初步探索与实践》，
《中国投入产出年会论文》2002。

[213] 唐海燕、张会清：《产品内国际分工与发展中国家的价值链提升》，
《经济研究》2009 年第 9 期。

[214] 汪斌：《中国产业：国际分工地位和结构的战略性调整》，光明日
报出版社 2006 年版。

[215] 王立军：《政府推动与外生型产业集群的成长——以平湖光机电产
业集群为例》，《全国商情（经济理论研究)》2006 年第 5 期。

[216] 汪璐：《中国资本市场效率分析——从证券市场的角度分析》，硕
士学位论文，江西财经大学，2006 年。

[217] 王梦恕：《中国高铁技术世界领先》，《中国科技奖励》2010 年第
5 期。

[218] 王恬：《对我国电子类产品产业内贸易的分析》，《世界经济研究》
2006 年第 6 期。

[219] 王亚平：《我国高技术产业发展 50 年的历程》，《经济前沿》1999
年第 10 期。

[220] 王争、孙柳媚和史晋川：《外资溢出对中国私营企业生产率的异质

性影响——来自普查数据的证据》,《经济学（季刊)》2008 年第 1
　　　期。

[221] 魏后凯:《外商直接投资对中国区域经济增长的影响》,《经济研
　　　究》2002 年第 4 期。

[222] 吴延兵:《自主研发、技术引进与生产率——基于中国地区工业的
　　　实证研究》,《经济研究》2008 年第 8 期。

[223] 武剑:《外商直接投资的区域分别及其经济增长效应》,《经济研
　　　究》2002 年第 4 期。

[224] 姚洋、张晔:《中国出口品国内技术含量升级的动态研究——来自
　　　全国及江苏省、广东省的证据》,《中国社会科学》2008 年第
　　　2 期。

[225] 袁建文:《广东省高技术产业投入产出分析》,《广东商学院学报》
　　　2005 年第 2 期。

[226] 张辉:《全球价值链下地方产业集群转型和升级》,经济科学出版
　　　社 2006 年版。

[227] 张纪:《产品内国际分工的技术扩散效应》,《世界经济研究》
　　　2008 年第 1 期。

[228] 章璐:《中国出口产品质量的测度与分析》,浙江大学硕士论
　　　文 2010。

[229] 张燕生:《国际产业转移对中国经济的影响》,《国际经济评论》
　　　2007 年第 6 期。

[230] 张幼文、金芳:《世界经济学》,立信会计出版社 2004 年版。

附　　录

附表1　中国高技术产业统计分类目录

行业代码	行业名称	行业代码	行业名称
2530	核燃料加工	405	电子器件制造
2665	信息化学品制造	4051	电子真空器件制造
27	医药制造业	4052	半导体分立器件制造
2710	化学药品原药制造	4053	集成电路制造
2720	化学药品制剂制造业	4059	光电子器件及其他电子器件制造
2730	中药饮片加工	406	电子组件制造
2740	中成药制造	4061	电子组件及组件制造
2750	兽用药品制造	4062	印制电路板制造
2760	生物、生化制品的制造	407	家用视听设备制造
2770	卫生材料及医药用品制造	4071	家用影视设备制造
368	医疗仪器设备及器械制造	4072	家用音响设备制造
3681	医疗诊断、监护及治疗设备制造	409	其他电子设备制造
3682	口腔科用设备及器具制造	411	通用仪器仪表制造
3683	实验室及医用消毒设备和器具制造	4111	工业自动控制系统装置制造
3684	医疗、外科及兽医用器械制造	4112	电工仪器仪表制造
3685	机械治疗及病房护理设备制造	4113	绘图、计算及测量仪器制造
3686	假肢、人工器官及植（介）入器械制造	4114	实验分析仪器制造
3689	其他医疗设备及器械制造	4115	试验机制造
376	航空航天器制造	4119	供应用仪表及其他通用仪器制造

续表

行业代码	行业名称	行业代码	行业名称
3761	飞机制造及修理	412	专用仪器仪表制造
3762	航天器制造	4121	环境监测专用仪器仪表制造
3769	其他飞行器制造	4122	汽车及其他用计数仪表制造
40	通信设备、计算机及其他电子设备制造业	4123	导航、气象及海洋专用仪器制造
401	通信设备制造	4124	农林牧渔专用仪器仪表制造
4011	通信传输设备制造	4125	地质勘探和地震专用仪器制造
4012	通信交换设备制造	4126	教学专用仪器制造
4013	通信终端设备制造	4127	核子及核辐射测量仪器制造
4014	移动通信及终端设备制造	4128	电子测量仪器制造
4019	其他通信设备制造	4129	其他专用仪器制造
402	雷达及配套设备制造	4141	光学仪器制造
403	广播电视设备制造	4154	复印和胶印设备制造
4031	广播电视节目制作及发射设备制造	4155	计算器及货币专用设备制造
4032	广播电视接受设备及器材制造	4190	其他仪器仪表的制造及修理
4039	应用电视设备及其他广播电视设备制造	621	软件业
404	电子计算机制造	6211	基础软件服务
4041	电子计算机整机制造	6212	应用软件服务
4042	计算机网络设备制造		
4043	电子计算机外部设备制造		

资料来源：《中国高技术产业统计年鉴》2009，国家统计局国统字（2002）033 号文件。

附表2　高技术产业统计资料整理公布格式

行　　　业	对应代码
一、核燃料加工	253
二、信息化学品制造	2665
三、医药制造业	27
其中：化学药品制造	271 + 272
中成药制造	274
生物、生化制品的制造	276

续表

行　　　　业	对应代码
四、航空航天器制造	376
1. 飞机制造及修理	3761
2. 航天器制造	3762
3. 其他飞行器制造	3769
五、电子及通信设备制造业	40—404
1. 通信设备制造	401
其中：通信传输设备制造	4011
通信交换设备制造	4012
通信终端设备制造	4013
移动通信及终端设备制造	4014
2. 雷达及配套设备制造	402
3. 广播电视设备制造	403
4. 电子器件制造	405
电子真空器件制造	4051
半导体分立器件制造	4052
集成电路制造	4053
光电子器件及其他电子器件制造	4059
5. 电子组件制造	406
6. 家用视听设备制造	407
7. 其他电子设备制造	409
六、电子计算机及办公设备制造业	404＋4154＋4155
1. 电子计算机整机制造	4041
2. 计算机网络设备制造	4042
3. 电子计算机外部设备制造	4043
4. 办公设备制造	4154＋4155
七、医疗设备及仪器仪表制造业	368＋411＋412＋4141＋419
1. 医疗设备及器械制造	368
2. 仪器仪表制造	411＋412＋4141＋419
八、公共软件服务	6211＋6212

　　资料来源：《中国高技术产业统计年鉴》2009。受统计资料来源的限制，该年鉴只包括三、四、五、六、七类行业。

附表3　参照 OECD 分类办法将我国高技术产业细分类归成的大类

行　　业	对应代码
新行业分类：	（GB/T4754—2002）
一、医药制造业	27
二、航空航天器制造业	376
三、电子及通信设备制造业	40—404
四、电子计算机及办公设备制造业	404＋4154＋4155
五、医疗设备、光学仪器及仪器仪表制造业	368＋411＋412＋4141＋419
原行业分类：	（GB/T4754—94）
一、医药制造业	27
二、航空航天器制造业	377
三、电子及通信设备制造业	41－414－418－4173
四、电子计算机及办公设备制造业	414＋4256＋4173
五、医疗设备、光学仪器及仪器仪表制造业	365＋421＋422＋423＋429

资料来源：课题组（2007），第85页。

附表4　中国已颁布的高技术产品目录一览

名录名称	版本部门	版本	属性
《国家高新技术产品目录》	科技部、财政部、国家税务总局	1997、2000、2006	2006 版共 11 个领域 1421 种产品
《中国高新技术产品出口目录》	中国外经贸部、科技部、财政部、国家税务总局和海关总署	2000、2003、2006	2006 版共 9 个领域 1601 种产品
《鼓励外商投资高新技术产品目录》	科技部和商务部	2003	共 11 个领域 917 项
《高技术产品进出口统计目录》	科技部	1999	纳入《海关统计》月报

资料来源：课题组（2007），第11页。

附表 5　OECD 对制造业不同技术层级产业的分类目录

Industry	ISIC rev. 3	R&D intensity	
		Total[a]	United States
Total manufacturing	15—37	2. 5	3. 1
High-technology industries			
Aircraft and spacecraft	353	14. 2	14. 6
Pharmaceuticals	2423	10. 8	12. 4
Office, accounting, and computing machinery	30	9. 3	14. 7
Radio, television, and communication equipment	32	8. 0	8. 6
Medical, precision, and optical instruments	33	7. 3	7. 9
Medium-high-technology industries			
Electrical machinery and apparatus NEC	31	3. 9	4. 1
Motor vehicles, trailers, and semi-trailers	34	3. 5	4. 5
Chemicals excluding pharmaceuticals	24 excl. 2423	3. 1	3. 1
Railroad equipment and transport equipment NEC	352 + 359	2. 4	na
Machinery and equipment NEC	29	1. 9	1. 8
Medium-low-technology industries			
Coke, refined petroleum products, and nuclear fuel	23	1. 0	1. 3
Rubber and plastic products	25	0. 9	1. 0
Other nonmetallic mineral products	26	0. 9	0. 8
Building and repairing of ships and boats	351	0. 9	na[b]
Basic metals	27	0. 8	0. 4
Fabricated metal products, except machinery and equipment	28	0. 6	0. 7
Low-technology industries			
Manufacturing NEC and recycling	36—37	0. 4	0. 6
Wood, pulp, paper, paper products, printing, and publishing	20—22	0. 3	0. 5
Food products, beverages, and tobacco	15—16	0. 3	0. 3
Textiles, textile products, leather, and footwear	17—19	0. 3	0. 2

ISIC　International Standard Industrial Classification

na　not applicable

NEC　not elsewhere classified

[a] Aggregate R&D intensities calculated after converting R&D expenditures and production using 1995 gross domestic product purchasing power parities.

[b] R&D expenditures in "ship building" (351) are included in "other transport" (352 + 359).

NOTE：R&D intensity is direct R&D expenditures as a percent of production (gross output).

SOURCES：Organisation for Economic Co-operation and Development, ANBERD and STAN databases, May 2001.

Science & Engineering Indicators—2004

附表6 部分国家或地区高技术产业的 RSCA 指数

项目	1995 年	1996 年	1997 年	1998 年	1999 年	2000 年	2001 年	2002 年	2003 年	2004 年	2005 年	2006 年	2007 年	2008 年
阿根廷	-0.748	-0.811	-0.820	-0.817	-0.807	-0.792	-0.797	-0.827	-0.838	-0.861	-0.859	-0.817	-0.812	-0.770
巴西	-0.697	-0.658	-0.632	-0.569	-0.481	-0.350	-0.353	-0.431	-0.547	-0.555	-0.525	-0.552	-0.557	-0.557
智利	-0.973	-0.964	-0.964	-0.948	-0.949	-0.954	-0.949	-0.946	-0.951	-0.963	-0.967	-0.973	-0.969	-0.962
中国	-0.174	-0.125	-0.141	-0.098	-0.082	-0.070	-0.017	0.053	0.131	0.167	0.185	0.187	0.196	0.197
爱沙尼亚	-0.352	-0.333	-0.238	-0.166	-0.203	0.040	-0.030	-0.227	-0.173	-0.099	-0.111	-0.232	-0.454	-0.463
中国香港	0.130	0.123	0.114	0.116	0.111	0.128	0.171	0.208	0.248	0.280	0.314	0.328	0.361	0.392
印度尼西亚	-0.548	-0.475	-0.527	-0.584	-0.530	-0.319	-0.336	-0.323	-0.373	-0.381	-0.411	-0.510	-0.564	-0.583
印度	-0.650	-0.624	-0.641	-0.688	-0.678	-0.691	-0.631	-0.627	-0.611	-0.633	-0.666	-0.662	-0.615	-0.552
以色列	0.036	0.099	0.128	0.145	0.125	0.153	0.154	0.093	0.064	0.068	-0.084	-0.029	-0.104	0.123
马来西亚	0.411	0.412	0.404	0.404	0.408	0.389	0.388	0.388	0.369	0.343	0.328	0.325	0.331	0.154
菲律宾	—	0.433	0.465	0.492	0.498	0.466	0.469	0.484	0.485	0.455	0.446	0.428	0.160	0.178
俄罗斯	—	-0.842	-0.861	-0.789	-0.828	-0.863	-0.825	-0.735	-0.746	-0.806	-0.905	-0.919	-0.916	-0.929
新加坡	0.467	0.471	0.453	0.438	0.420	0.400	0.396	0.398	0.377	0.378	0.361	0.365	0.311	0.329
斯洛文尼亚	-0.388	-0.349	-0.370	-0.420	-0.449	-0.428	-0.401	-0.379	-0.324	-0.344	-0.385	-0.354	-0.307	-0.227
泰国	0.101	0.161	0.141	0.146	0.102	0.095	0.068	0.071	0.092	0.072	0.055	0.065	0.069	0.031
南非	—	—	—	—	—	-0.772	-0.770	-0.762	-0.786	-0.771	-0.732	-0.744	-0.752	-0.748
澳大利亚	-0.498	-0.514	-0.543	-0.561	-0.556	-0.585	-0.571	-0.564	-0.562	-0.577	-0.591	-0.621	-0.576	-0.621
奥地利	-0.386	-0.396	-0.340	-0.355	-0.319	-0.281	-0.269	-0.244	-0.266	-0.242	-0.309	-0.313	-0.273	-0.260
比利时	-0.414	-0.383	-0.389	-0.366	-0.361	-0.350	-0.289	-0.172	-0.159	-0.174	-0.163	-0.188	-0.123	-0.106
加拿大	-0.381	-0.369	-0.358	-0.355	-0.389	-0.341	-0.389	-0.440	-0.443	-0.458	-0.450	-0.432	-0.382	-0.397
瑞士	0.150	0.169	0.149	0.147	0.162	0.122	0.184	0.191	0.222	0.235	0.263	0.272	0.311	0.345
捷克	-0.694	-0.524	-0.510	-0.475	-0.486	-0.478	-0.365	-0.268	-0.259	-0.208	-0.240	-0.182	-0.093	-0.050
德国	-0.183	-0.185	-0.171	-0.168	-0.163	-0.147	-0.122	-0.143	-0.155	-0.129	-0.113	-0.117	-0.113	-0.100
丹麦	-0.210	-0.187	-0.173	-0.167	-0.163	-0.167	-0.151	-0.117	-0.139	-0.137	-0.116	-0.154	-0.135	-0.156
西班牙	-0.446	-0.424	-0.460	-0.462	-0.449	-0.469	-0.456	-0.427	-0.421	-0.430	-0.397	-0.413	-0.393	-0.378
芬兰	-0.169	-0.134	-0.088	-0.035	-0.014	0.020	-0.023	-0.014	-0.015	-0.063	0.022	-0.050	-0.051	-0.033
法国	-0.064	-0.047	-0.035	-0.025	-0.038	-0.031	-0.017	-0.040	-0.064	-0.061	-0.046	-0.024	-0.016	0.021

续表

项目	1995年	1996年	1997年	1998年	1999年	2000年	2001年	2002年	2003年	2004年	2005年	2006年	2007年	2008年
英国	0.106	0.124	0.104	0.129	0.113	0.114	0.153	0.134	0.096	0.070	0.108	0.182	0.042	0.053
希腊	-0.707	-0.766	-0.722	-0.614	-0.597	-0.528	-0.545	-0.475	-0.388	-0.384	-0.362	-0.405	-0.398	-0.334
匈牙利	-0.389	-0.419	-0.043	-0.016	0.019	0.070	0.037	0.075	0.124	0.166	0.124	0.106	0.140	0.174
爱尔兰	0.287	0.314	0.325	0.346	0.312	0.296	0.375	0.382	0.356	0.364	0.352	0.327	0.345	0.390
冰岛	-0.788	-0.773	-0.777	-0.826	-0.817	-0.822	-0.773	-0.679	-0.664	-0.558	-0.422	-0.355	-0.088	-0.346
意大利	-0.368	-0.374	-0.403	-0.401	-0.403	-0.384	-0.375	-0.364	-0.395	-0.407	-0.394	-0.419	-0.412	-0.396
日本	0.205	0.188	0.162	0.128	0.107	0.104	0.081	0.058	0.068	0.059	0.025	-0.003	0.000	-0.012
韩国	0.163	0.077	0.129	0.100	0.164	0.177	0.125	0.171	0.196	0.199	0.183	0.159	0.204	0.170
卢森堡	—	—	—	—	-0.393	-0.318	-0.243	-0.332	-0.441	-0.485	-0.422	-0.421	-0.447	-0.518
墨西哥	-0.027	-0.046	-0.016	0.019	-0.004	-0.011	0.033	0.011	0.010	0.011	-0.015	0.004	0.014	0.085
荷兰	-0.060	-0.007	0.021	0.042	0.061	0.069	0.049	0.031	0.082	0.078	0.083	0.062	0.047	0.047
挪威	-0.643	-0.670	-0.651	-0.598	-0.651	-0.731	-0.676	-0.626	-0.677	-0.695	-0.733	-0.733	-0.690	-0.700
新西兰	-0.809	-0.718	-0.779	-0.697	-0.808	-0.823	-0.816	-0.799	-0.682	-0.668	-0.660	-0.610	-0.646	-0.645
波兰	-0.690	-0.642	-0.601	-0.581	-0.614	-0.619	-0.600	-0.578	-0.596	-0.607	-0.596	-0.538	-0.471	-0.370
葡萄牙	-0.446	-0.506	-0.507	-0.512	-0.469	-0.439	-0.386	-0.421	-0.355	-0.361	-0.371	-0.370	-0.350	-0.359
斯洛伐克	—	—	-0.606	-0.628	-0.621	-0.672	-0.620	-0.647	-0.625	-0.532	-0.368	-0.254	-0.140	-0.048
瑞典	-0.028	0.020	0.034	0.022	0.029	0.020	-0.069	-0.058	-0.072	-0.076	-0.074	-0.087	-0.109	-0.091
土耳其	-0.837	-0.785	-0.736	-0.650	-0.601	-0.564	-0.609	-0.622	-0.596	-0.582	-0.625	-0.826	-0.675	-0.748
美国	0.167	0.183	0.182	0.186	0.180	0.153	0.157	0.142	0.144	0.134	0.128	0.129	0.146	0.133

资料来源：根据 OECD，STAN Bilateral Trade Database（BTD）2010 edition 计算。

说明：标"—"表示数据原数据缺失，下表同。

附表7　部分国家或地区高技术产业的 GL 指数

项目	1995年	1996年	1997年	1998年	1999年	2000年	2001年	2002年	2003年	2004年	2005年	2006年	2007年	2008年
阿根廷	0.314	0.239	0.197	0.201	0.202	0.249	0.321	0.621	0.459	0.257	0.238	0.293	0.290	0.358
巴西	0.321	0.319	0.342	0.416	0.508	0.654	0.673	0.722	0.659	0.636	0.676	0.613	0.674	0.514
智利	0.052	0.061	0.059	0.075	0.087	0.092	0.107	0.113	0.113	0.098	0.090	0.083	0.097	0.105
中国	0.998	0.965	0.936	0.969	0.969	0.968	0.956	0.985	0.997	0.969	0.939	0.924	0.909	0.879
爱沙尼亚	0.646	0.626	0.760	0.805	0.781	0.958	0.986	0.893	0.858	0.939	0.921	0.875	0.730	0.745

续表

项目	1995 年	1996 年	1997 年	1998 年	1999 年	2000 年	2001 年	2002 年	2003 年	2004 年	2005 年	2006 年	2007 年	2008 年
中国香港	0.923	0.921	0.914	0.940	0.960	0.943	0.948	0.974	0.979	0.980	0.992	0.980	0.971	0.985
印度尼西亚	0.937	0.980	0.999	0.723	0.476	0.344	0.362	0.374	0.451	0.563	0.593	0.703	0.976	0.621
印度	0.630	0.771	0.677	0.602	0.636	0.636	0.686	0.627	0.545	0.519	0.459	0.404	0.463	0.494
以色列	0.947	0.994	0.877	0.869	0.936	0.835	0.834	0.832	0.795	0.810	0.947	0.892	0.993	0.756
马来西亚	0.897	0.872	0.865	0.825	0.776	0.816	0.811	0.846	0.849	0.874	0.863	0.862	0.873	0.907
菲律宾	—	0.961	0.998	0.834	0.717	0.766	0.847	0.948	0.948	0.975	0.987	0.971	0.946	0.940
俄罗斯	—	0.462	0.382	0.509	0.675	0.623	0.585	0.791	0.753	0.626	0.320	0.234	0.203	0.171
新加坡	0.889	0.872	0.883	0.841	0.870	0.876	0.881	0.868	0.862	0.877	0.884	0.873	0.882	0.891
斯洛文尼亚	0.909	0.935	0.961	0.887	0.837	0.892	0.976	0.977	0.965	0.988	0.981	0.966	0.973	0.971
泰国	0.978	0.975	0.959	0.794	0.897	0.913	0.975	0.947	0.907	0.901	0.930	0.880	0.866	0.875
南非	—	—	—	—	—	0.292	0.303	0.246	0.223	0.222	0.270	0.262	0.274	0.290
澳大利亚	0.432	0.431	0.443	0.409	0.381	0.377	0.444	0.405	0.374	0.361	0.381	0.378	0.393	0.397
奥地利	0.738	0.715	0.763	0.745	0.771	0.842	0.870	0.940	0.910	0.925	0.910	0.934	0.933	0.940
比利时	0.994	0.970	0.974	0.955	0.966	0.982	0.975	0.984	0.990	0.970	0.971	0.998	0.985	0.984
加拿大	0.703	0.716	0.746	0.757	0.745	0.818	0.789	0.753	0.760	0.745	0.752	0.769	0.774	0.755
瑞士	0.790	0.790	0.822	0.817	0.837	0.855	0.820	0.780	0.757	0.754	0.756	0.722	0.726	0.673
捷克	0.335	0.502	0.585	0.657	0.640	0.654	0.750	0.832	0.829	0.913	0.919	0.944	0.949	0.961
德国	0.994	0.997	0.983	0.990	0.997	0.985	0.981	0.985	0.971	0.948	0.956	0.975	0.944	0.940
丹麦	0.984	0.990	0.990	0.977	0.951	0.937	0.948	0.980	0.926	0.946	0.970	0.981	0.983	0.972
西班牙	0.658	0.651	0.661	0.641	0.606	0.605	0.636	0.670	0.666	0.632	0.640	0.614	0.602	0.576
芬兰	0.995	0.967	0.905	0.869	0.845	0.789	0.822	0.789	0.790	0.850	0.848	0.896	0.918	0.904
法国	0.951	0.955	0.943	0.954	0.949	0.966	0.943	0.932	0.960	0.975	0.983	0.971	0.988	0.967
英国	0.972	0.977	0.973	0.988	0.990	0.970	0.987	0.992	0.967	0.926	0.995	0.935	0.889	0.903
希腊	0.236	0.191	0.208	0.226	0.224	0.325	0.306	0.371	0.336	0.306	0.356	0.374	0.319	0.326
匈牙利	0.727	0.656	0.945	0.985	0.997	0.997	0.959	1.000	0.954	0.931	0.903	0.904	0.928	0.891
爱尔兰	0.789	0.745	0.736	0.707	0.727	0.739	0.688	0.651	0.602	0.599	0.632	0.681	0.678	0.600
冰岛	0.311	0.333	0.326	0.205	0.229	0.196	0.295	0.417	0.446	0.531	0.586	0.564	0.865	0.817
意大利	0.874	0.888	0.844	0.823	0.797	0.828	0.842	0.846	0.821	0.793	0.815	0.814	0.823	0.828
日本	0.593	0.687	0.678	0.685	0.719	0.732	0.798	0.803	0.799	0.796	0.840	0.858	0.855	0.873
韩国	0.850	0.960	0.886	0.760	0.803	0.826	0.847	0.809	0.780	0.723	0.736	0.745	0.714	0.731

续表

项目	1995 年	1996 年	1997 年	1998 年	1999 年	2000 年	2001 年	2002 年	2003 年	2004 年	2005 年	2006 年	2007 年	2008 年
卢森堡	—	—	—	—	0.557	0.681	0.711	0.668	0.703	0.641	0.661	0.712	0.616	0.563
墨西哥	0.948	0.967	0.944	0.951	0.960	0.983	0.984	0.971	0.985	0.990	0.994	0.994	0.961	0.994
荷兰	0.999	0.983	0.994	0.993	0.971	0.992	0.977	0.976	0.980	0.986	0.966	0.975	0.960	0.982
挪威	0.555	0.577	0.604	0.576	0.566	0.536	0.618	0.709	0.655	0.624	0.618	0.626	0.645	0.648
新西兰	0.185	0.315	0.239	0.311	0.186	0.196	0.234	0.252	0.369	0.376	0.356	0.410	0.393	0.408
波兰	0.388	0.380	0.389	0.411	0.377	0.384	0.447	0.487	0.520	0.526	0.559	0.612	0.648	0.693
葡萄牙	0.608	0.582	0.578	0.531	0.542	0.596	0.614	0.618	0.660	0.635	0.621	0.629	0.633	0.601
斯洛伐克	—	—	0.505	0.503	0.592	0.580	0.591	0.540	0.605	0.685	0.793	0.835	0.887	0.957
瑞典	0.912	0.842	0.822	0.835	0.794	0.820	0.886	0.835	0.835	0.847	0.844	0.855	0.909	0.897
土耳其	0.159	0.201	0.247	0.326	0.357	0.345	0.488	0.468	0.511	0.474	0.462	0.371	0.408	0.341
美国	0.953	0.989	0.986	0.995	0.976	0.941	0.966	0.915	0.895	0.877	0.875	0.895	0.891	0.897

资料来源：根据 OECD，STAN Bilateral Trade Database（BTD）2010 edition 计算。

附表 8　部分国家或地区高技术产业的直接消耗系数构成

年份	国家或地区	A	LI	ML	MH	OI	F	R&D	OS	H
1995	澳大利亚	0.45087	0.31024	0.29529	0.31654	0.51431	0.66261	0.84987	0.50728	0.27615
	奥地利	0.66458	0.35920	0.35689	0.38148	0.47612	0.68003	0.82637	0.61328	0.41809
	比利时	0.40591	0.24344	0.28310	0.28465	0.38309	0.56879	0.83413	0.52452	0.36756
	巴西	0.57389	0.27296	0.34337	0.35005	0.52303	0.68360	0.68326	0.64585	0.40567
	加拿大	0.44018	0.37248	0.30432	0.29547	0.54098	0.57684	0.79853	0.55685	0.34366
	中国	0.60692	0.27596	0.27436	0.27439	0.36497	0.57882	0.45413	0.49990	0.31448
	捷克	0.36186	0.22620	0.22397	0.24736	0.30434	0.56429	0.59663	0.46071	0.25126
	丹麦	0.46354	0.29967	0.39734	0.37287	0.44275	0.62250	0.75867	0.60972	0.45623
	爱沙尼亚	0.40002	0.23348	0.27993	0.30087	0.34240	0.68504	0.68796	0.42915	0.10246
	芬兰	0.53707	0.31367	0.34325	0.29354	0.43719	0.62234	0.67776	0.59748	0.30115
	法国	0.48723	0.31190	0.28926	0.33260	0.44208	0.54272	0.74214	0.65848	0.33360

续表

年份	国家或地区	A	LI	ML	MH	OI	F	R&D	OS	H
1995	德国	0.47157	0.32565	0.36817	0.34831	0.46279	0.55488	0.75440	0.63938	0.39036
	希腊	0.66415	0.31654	0.31996	0.29894	0.48831	0.73232	0.84997	0.67279	0.34251
	匈牙利	0.37697	0.00575	0.00576	0.17685	0.07596	0.06595	0.18766	0.01990	0.19687
	印度尼西亚	0.81585	0.34338	0.31059	0.34936	0.50562	0.70475	0.71004	0.64077	0.24725
	印度	0.75291	0.27623	0.25983	0.21969	0.42409	0.84451	0.88352	0.67223	0.26589
	爱尔兰	0.54946	0.28388	0.40727	0.36412	0.35661	0.52267	0.84361	0.63761	0.26623
	意大利	0.63179	0.29084	0.28845	0.31470	0.42967	0.66604	0.82700	0.58949	0.34794
	日本	0.56663	0.37806	0.31263	0.38231	0.48017	0.68622	0.78250	0.67325	0.35449
	韩国	0.65585	0.30782	0.29522	0.33541	0.43233	0.71090	0.81519	0.57254	0.25517
	卢森堡	0.52619	0.39713	0.40876	0.29731	0.48901	0.35945	0.81064	0.64915	0.43164
	荷兰	0.47193	0.30467	0.30642	0.29071	0.40430	0.61381	0.75494	0.60410	0.33664
	挪威	0.50205	0.27260	0.33973	0.28739	0.59820	0.65943	0.75223	0.55283	0.34016
	波兰	0.36765	0.29450	0.32732	0.32146	0.40680	0.27041	0.78912	0.52987	0.34170
	葡萄牙	0.55738	0.28496	0.23858	0.27277	0.36423	0.69268	0.78374	0.56071	0.24275
	西班牙	0.53643	0.26806	0.28384	0.32629	0.42865	0.66458	0.81282	0.64931	0.32583
	斯洛伐克	0.37467	0.28150	0.31151	0.24404	0.28922	0.73971	0.68777	0.48497	0.28714
	斯洛文尼亚	—	—	—	—	—	—	—	—	—
	瑞典	0.61003	0.32343	0.33816	0.32321	0.55256	0.66554	0.63190	0.55007	0.29386
	土耳其	0.62067	0.36932	0.42440	0.45515	0.52146	0.69427	0.59776	0.70555	0.54693
	中国台湾	0.45493	0.27060	0.26845	0.29372	0.38910	0.77954	0.86473	0.64951	0.25488
	英国	0.44243	0.35064	0.34916	0.35805	0.40655	0.44739	0.71487	0.55153	0.34824
	美国	0.39707	0.38739	0.35568	0.33021	0.47264	0.52995	0.73491	0.63027	0.45496
2000	澳大利亚	0.49620	0.32012	0.30114	0.29762	0.49385	0.61662	0.85205	0.53052	0.33836
	奥地利	0.47289	0.34898	0.32750	0.37078	0.48218	0.63724	0.82888	0.57169	0.38959
	比利时	0.41511	0.23893	0.25376	0.22135	0.35923	0.49690	0.82910	0.49236	0.26190
	巴西	0.52618	0.25859	0.33413	0.27904	0.54927	0.62781	0.71204	0.62585	0.39577
	加拿大	0.40790	0.36043	0.27457	0.29731	0.55298	0.53823	0.79347	0.59369	0.35179
	中国	0.57942	0.28848	0.24209	0.24294	0.36336	0.74396	0.56155	0.46070	0.24694
	捷克	0.43024	0.26249	0.22930	0.25561	0.29214	0.38322	0.70112	0.49929	0.16881
	丹麦	0.42091	0.31365	0.36515	0.34983	0.51020	0.58655	0.74005	0.56632	0.43962

年份	国家或地区	A	LI	ML	MH	OI	F	R&D	OS	H
2000	爱沙尼亚	0.39984	0.26450	0.26066	0.28238	0.35089	0.60572	0.68982	0.48695	0.06226
	芬兰	0.55066	0.30153	0.30043	0.25982	0.38103	0.64732	0.68775	0.57612	0.31652
	法国	0.47324	0.30511	0.26618	0.29021	0.39752	0.50686	0.72911	0.63589	0.26552
	德国	0.47751	0.33512	0.31933	0.34412	0.44376	0.42646	0.76400	0.63018	0.37639
	希腊	0.62968	0.31289	0.32935	0.27346	0.44749	0.70435	0.91286	0.63860	0.34437
	匈牙利	0.33596	0.23187	0.21767	0.25841	0.40457	0.49275	0.73628	0.54791	0.12361
	印度尼西亚	0.77057	0.33713	0.29671	0.33777	0.55553	0.76467	0.58101	0.55303	0.28292
	印度	0.77949	0.24297	0.27018	0.24706	0.44768	0.77510	0.87256	0.66608	0.28138
	爱尔兰	0.49372	0.30529	0.40315	0.43499	0.37105	0.55742	0.76386	0.56378	0.23901
	意大利	0.62666	0.27638	0.27360	0.28845	0.39252	0.57374	0.81159	0.55942	0.34120
	日本	0.53730	0.28808	0.24698	0.23463	0.45222	0.64566	0.77588	0.60641	0.28211
	韩国	0.61973	0.25346	0.25433	0.24077	0.43178	0.66720	0.78622	0.54375	0.21015
	卢森堡	0.49747	0.34963	0.30841	0.30837	0.42114	0.19824	0.79097	0.61835	0.43421
	荷兰	0.45198	0.30795	0.24936	0.24279	0.38770	0.56764	0.73217	0.58120	0.27833
	挪威	0.50203	0.28078	0.31852	0.26502	0.71616	0.60872	0.74213	0.52972	0.33969
	波兰	0.33975	0.28388	0.33934	0.29413	0.40814	0.40435	0.78701	0.55257	0.31296
	葡萄牙	0.53652	0.27622	0.25478	0.28026	0.34693	0.65072	0.84324	0.56363	0.22182
	西班牙	0.60707	0.27514	0.26779	0.29783	0.38220	0.62932	0.85886	0.59937	0.27639
	斯洛伐克	0.38558	0.28847	0.22359	0.22313	0.29991	0.53208	0.73831	0.47261	0.26063
	斯洛文尼亚	0.45185	0.30977	0.27507	0.30127	0.32665	0.65328	0.74775	0.51403	0.32544
	瑞典	0.55323	0.32862	0.33576	0.29593	0.52352	0.62724	0.64229	0.54817	0.17960
	土耳其	0.62865	0.25148	0.29269	0.25643	0.42229	0.62209	0.79204	0.60188	0.21778
	中国台湾	0.44881	0.26946	0.22951	0.25424	0.38063	0.63382	0.79981	0.68515	0.23126
	英国	0.41556	0.37911	0.33766	0.34906	0.41498	0.33442	0.68134	0.53115	0.30860
	美国	0.38547	0.36581	0.33268	0.34649	0.53447	0.53308	0.59846	0.62359	0.37056
2005	澳大利亚	0.56371	0.33219	0.29915	0.27283	0.40668	0.62665	0.77287	0.51982	0.36860
	奥地利	0.48047	0.33905	0.30720	0.34976	0.42821	0.56443	0.81933	0.58231	0.41517
	比利时	0.40214	0.25687	0.24201	0.21881	0.35873	0.51846	0.85211	0.51470	0.31569
	巴西	0.54075	0.27630	0.21660	0.25331	0.50571	0.65187	0.71613	0.63331	0.28723
	加拿大	—	—	—	—	—	—	—	—	—

续表

年份	国家或地区	A	LI	ML	MH	OI	F	R&D	OS	H
2005	中国	0.58646	0.26658	0.22582	0.22326	0.32840	0.61534	0.58825	0.47156	0.16720
	捷克	0.43868	0.26968	0.22894	0.24115	0.31291	0.38547	0.72795	0.48015	0.12815
	丹麦	0.35899	0.30807	0.36718	0.34103	0.48682	0.60735	0.71726	0.56258	0.47101
	爱沙尼亚	0.39022	0.25577	0.27126	0.27472	0.38681	0.56316	0.68715	0.49846	0.08168
	芬兰	0.51758	0.29775	0.29927	0.26590	0.41125	0.50591	0.70319	0.57657	0.33590
	法国	0.44850	0.30151	0.25773	0.26108	0.41314	0.47769	0.78468	0.61181	0.33736
	德国	0.40957	0.31469	0.31737	0.30879	0.44502	0.44034	0.73486	0.63128	0.40118
	希腊	0.65708	0.37375	0.33947	0.26764	0.47771	0.70987	0.89830	0.65939	0.50248
	匈牙利	0.42123	0.24939	0.26545	0.27151	0.35358	0.52421	0.74777	0.55294	0.15636
	印度尼西亚	0.76519	0.37429	0.34388	0.42776	0.51282	0.65355	0.60211	0.56290	0.34434
	印度	—	—	—	—	—	—	—	—	—
	爱尔兰	—	—	—	—	—	—	—	—	—
	意大利	0.61437	0.27543	0.26653	0.27323	0.41689	0.56551	0.81111	0.55541	0.36449
	日本	0.53529	0.38999	0.27275	0.30897	0.47711	0.68693	0.77796	0.66504	0.30402
	韩国	—	—	—	—	—	—	—	—	—
	卢森堡	0.43550	0.30839	0.30349	0.28690	0.39828	0.19497	0.83761	0.56938	0.34914
	荷兰	0.40193	0.31768	0.25630	0.25510	0.39906	0.55105	0.75223	0.56571	0.19483
	挪威	—	—	—	—	—	—	—	—	—
	波兰	0.45057	0.25809	0.23893	0.27656	0.42621	0.56746	0.78292	0.55233	0.23699
	葡萄牙	0.49004	0.29282	0.23969	0.24929	0.31794	0.64656	0.85663	0.56170	0.16291
	西班牙	0.59072	0.25943	0.26281	0.29914	0.35416	0.63117	0.85672	0.58705	0.25791
	斯洛伐克	—	—	—	—	—	—	—	—	—
	斯洛文尼亚	0.48354	0.28959	0.28290	0.30124	0.33454	0.58846	0.76813	0.55825	0.33529
	瑞典	0.42701	0.29330	0.28956	0.27691	0.53638	0.67782	0.59909	0.53869	0.41750
	土耳其	—	—	—	—	—	—	—	—	—
	中国台湾	—	—	—	—	—	—	—	—	—
	英国	0.42197	0.37605	0.32196	0.36070	0.38961	0.43718	0.70674	0.52532	0.34899
	美国	0.41985	0.35577	0.30740	0.31334	0.53431	0.57637	0.57545	0.61205	0.35636

资料来源：基于 *OECD Input-Output Database*（2009）计算。

说明：其中 A、L、ML、MH、OI、F、R&D、OS 和 H 分别代表农业、低技术产业、中低技术产业、中高技术出产业、其他工业、金融业、研发投入、其他服务业和高技术产业。

附表9　部分国家或地区高技术产业的国内完全增加值系数构成

年份	国家或地区	A	LI	ML	MH	OI	F	R&D	OS	H
1995	澳大利亚	0.84076	0.82195	0.77879	0.77442	0.87220	0.95511	0.95040	0.88802	0.63965
	奥地利	0.87875	0.77612	0.61501	0.67673	0.78806	0.89375	0.94852	0.87390	0.65191
	比利时	0.71749	0.56973	0.48358	0.53421	0.76114	0.86687	0.94368	0.81193	0.55240
	巴西	0.92693	0.88822	0.82562	0.84548	0.86285	0.95701	0.89212	0.92281	0.75585
	加拿大	0.87575	0.79613	0.53233	0.67790	0.81637	0.90506	0.94539	0.84437	0.67275
	中国	0.93790	0.87333	0.80219	0.83548	0.86463	0.93471	0.56766	0.90646	0.80159
	捷克	0.70355	0.60506	0.57267	0.57690	0.69720	0.84850	0.84163	0.77885	0.49177
	丹麦	0.83287	0.71443	0.63500	0.62572	0.78908	0.88349	0.91158	0.83555	0.68611
	爱沙尼亚	0.70739	0.51508	0.45676	0.46511	0.58706	0.81776	0.83116	0.68592	0.15513
	芬兰	0.89304	0.80035	0.63850	0.59774	0.77251	0.85860	0.90234	0.87440	0.51952
	法国	0.83693	0.79229	0.71859	0.69800	0.82372	0.91939	0.92494	0.92000	0.71033
	德国	0.84374	0.77998	0.76928	0.72974	0.85903	0.89723	0.94071	0.91948	0.74958
	希腊	0.90324	0.82735	0.62885	0.56762	0.74006	0.94104	0.96522	0.89543	0.62485
	匈牙利	0.49313	0.12336	0.03143	0.22334	0.12457	0.08600	0.21059	0.05154	0.20956
	印度尼西亚	0.95206	0.85515	0.56988	0.73955	0.83769	0.93576	0.90778	0.89589	0.55264
	印度	1.00518	0.87394	0.73565	0.68768	0.83901	0.98202	0.97248	0.89419	0.71207
	爱尔兰	0.68657	0.59229	0.55883	0.55191	0.66568	0.79347	0.91274	0.79950	0.36144
	意大利	0.91395	0.76110	0.68827	0.68866	0.81686	0.91699	0.94995	0.89136	0.66616
	日本	0.96060	0.90466	0.91835	0.85732	0.93727	0.95911	0.98422	0.97064	0.89739
	韩国	0.93403	0.78514	0.72827	0.85200	0.90659	0.96406	0.95990	0.90562	0.70513
	卢森堡	0.69536	0.61193	0.59291	0.51562	0.68012	0.51719	0.88218	0.79565	0.61380
	荷兰	0.81761	0.62742	0.56796	0.51749	0.75903	0.89357	0.93121	0.84491	0.56938
	挪威	0.82612	0.74702	0.64691	0.63170	0.85534	0.88541	0.90987	0.80294	0.62739
	波兰	0.80072	0.77239	0.73035	0.70535	0.77858	0.77027	0.93382	0.85757	0.71296
	葡萄牙	0.63353	0.61468	0.00926	0.35669	0.07962	0.10332	0.71558	0.51483	0.85072
	西班牙	0.88485	0.79020	0.63289	0.69762	0.84081	0.92629	0.95401	0.90905	0.65022
	斯洛伐克	0.75958	0.67144	0.49436	0.50358	0.64395	0.90406	0.86172	0.77489	0.54189

续表

年份	国家或地区	A	LI	ML	MH	OI	F	R&D	OS	H
1995	斯洛文尼亚	—	—	—	—	—	—	—	—	—
	瑞典	0.83327	0.75148	0.63385	0.61417	0.78825	0.88823	0.86634	0.82707	0.59890
	土耳其	0.92874	0.85095	0.77245	0.72689	0.84663	0.96185	0.91546	0.94025	0.79078
	中国台湾	0.85147	0.70266	0.62211	0.64050	0.75788	0.95225	0.95660	0.88147	0.51251
	英国	0.83084	0.75618	0.70141	0.72625	0.84350	0.83374	0.89481	0.86186	0.65676
	美国	0.93648	0.90821	0.85321	0.84469	0.91874	0.97259	0.97135	0.95839	0.84980
2000	澳大利亚	0.84873	0.80589	0.67834	0.72188	0.85512	0.94790	0.95283	0.88092	0.66617
	奥地利	0.80727	0.69050	0.54921	0.60787	0.76574	0.86691	0.94493	0.84691	0.59437
	比利时	0.70880	0.54292	0.44155	0.43001	0.69853	0.83308	0.93216	0.76255	0.46531
	巴西	0.88538	0.82824	0.77374	0.78118	0.86895	0.92369	0.90592	0.90250	0.75071
	加拿大	0.82071	0.74240	0.48794	0.57965	0.80257	0.88863	0.92890	0.88062	0.53335
	中国	0.93098	0.84007	0.77411	0.78262	0.84724	0.95310	0.90605	0.88292	0.66344
	捷克	0.77165	0.56992	0.40041	0.47440	0.67182	0.78818	0.87516	0.78036	0.31249
	丹麦	0.79599	0.68216	0.59873	0.61528	0.79449	0.86428	0.89412	0.78588	0.65904
	爱沙尼亚	0.68650	0.53426	0.39945	0.50650	0.63405	0.81050	0.84632	0.73622	0.08275
	芬兰	0.90137	0.77957	0.57711	0.51469	0.74153	0.87793	0.89175	0.84362	0.61750
	法国	0.83226	0.78225	0.70173	0.64931	0.79672	0.90739	0.92024	0.91042	0.69264
	德国	0.82438	0.75325	0.69994	0.66172	0.81619	0.84687	0.93462	0.89743	0.70477
	希腊	0.88222	0.75097	0.59649	0.47992	0.71762	0.90317	0.96965	0.82366	0.63538
	匈牙利	0.67119	0.54182	0.33189	0.45774	0.61706	0.77971	0.88852	0.78988	0.16304
	印度尼西亚	0.94177	0.80923	0.57823	0.69246	0.83471	0.92879	0.86139	0.85691	0.66471
	印度	0.98750	0.83564	0.71587	0.69305	0.82586	0.95280	0.97254	0.89848	0.71917
	爱尔兰	0.73268	0.56085	0.45789	0.58531	0.68158	0.67637	0.88790	0.76234	0.28752
	意大利	0.91121	0.74445	0.66268	0.64091	0.78156	0.89869	0.94540	0.88039	0.64210
	日本	0.89861	0.78774	0.79843	0.67313	0.85549	0.94551	0.96050	0.93083	0.79904
	韩国	0.87419	0.71331	0.59584	0.52737	0.75331	0.90090	0.93486	0.83531	0.52499
	卢森堡	0.64994	0.56150	0.51493	0.50760	0.62226	0.31643	0.86867	0.75204	0.59361
	荷兰	0.78853	0.61911	0.50519	0.44968	0.73323	0.86976	0.90777	0.82970	0.50946
	挪威	0.81801	0.74622	0.65609	0.67212	0.90283	0.88534	0.90702	0.80407	0.62817
	波兰	0.80748	0.73033	0.64634	0.62407	0.77622	0.78186	0.92449	0.85658	0.60463

续表

年份	国家或地区	A	LI	ML	MH	OI	F	R&D	OS	H
2000	葡萄牙	0.80491	0.66047	0.50883	0.51478	0.70465	0.89936	0.94791	0.83722	0.43272
	西班牙	0.87554	0.73312	0.53664	0.61570	0.77144	0.88675	0.95199	0.87948	0.54292
	斯洛伐克	0.75195	0.56515	0.33346	0.40840	0.70840	0.86405	0.87654	0.75444	0.40332
	斯洛文尼亚	0.76886	0.58266	0.47074	0.52962	0.67887	0.88903	0.89051	0.81167	0.51953
	瑞典	0.78924	0.72742	0.62236	0.56187	0.76545	0.85653	0.86245	0.81157	0.52974
	土耳其	0.88188	0.75539	0.67307	0.61318	0.76282	0.92658	0.94140	0.88322	0.52614
	中国台湾	0.82322	0.70980	0.58008	0.57541	0.70832	0.92368	0.91870	0.89064	0.47570
	英国	0.79205	0.78018	0.69693	0.71583	0.82061	0.83225	0.91665	0.86187	0.59612
	美国	0.88799	0.89127	0.81143	0.80010	0.90219	0.96432	0.96210	0.95194	0.81355
2005	澳大利亚	0.88289	0.82421	0.72178	0.73061	0.87598	0.96104	0.94147	0.89132	0.75979
	奥地利	0.76711	0.68949	0.54624	0.59441	0.72584	0.89031	0.93720	0.85989	0.63361
	比利时	0.65203	0.56831	0.46245	0.41543	0.64062	0.85142	0.93106	0.77923	0.56370
	巴西	0.87263	0.82981	0.70152	0.72633	0.84572	0.91602	0.92638	0.90069	0.65433
	加拿大	—	—	—	—	—	—	—	—	—
	中国	0.90631	0.81938	0.74029	0.73365	0.81092	0.91257	0.89072	0.84782	0.53568
	捷克	0.70673	0.59815	0.44922	0.47009	0.66906	0.79772	0.86559	0.79058	0.24455
	丹麦	0.74029	0.66793	0.62216	0.59703	0.78021	0.86092	0.88737	0.78850	0.67998
	爱沙尼亚	0.66475	0.52394	0.39517	0.46134	0.65508	0.81441	0.84654	0.74408	0.11685
	芬兰	0.88749	0.75413	0.57420	0.49285	0.74748	0.80403	0.89382	0.83870	0.58846
	法国	0.81870	0.78035	0.65230	0.59503	0.78622	0.90598	0.93850	0.89681	0.71790
	德国	0.78588	0.73470	0.68287	0.61621	0.79463	0.85236	0.93160	0.89466	0.68586
	希腊	0.89130	0.78594	0.60756	0.48713	0.74430	0.92393	0.97612	0.85792	0.74735
	匈牙利	0.74065	0.61177	0.39618	0.49604	0.63110	0.84180	0.89657	0.80630	0.20672
	印度尼西亚	0.95146	0.85604	0.63461	0.74415	0.83396	0.92775	0.89618	0.87630	0.66404
	印度	—	—	—	—	—	—	—	—	—
	爱尔兰	—	—	—	—	—	—	—	—	—
	意大利	0.88836	0.77517	0.69496	0.65813	0.77929	0.91420	0.96170	0.87612	0.70673
	日本	0.91791	0.87246	0.83206	0.71867	0.87004	0.97660	0.97236	0.95638	0.80786
	韩国	—	—	—	—	—	—	—	—	—
	卢森堡	0.56185	0.47280	0.47350	0.46626	0.57877	0.29805	0.88803	0.69242	0.53074

续表

年份	国家或地区	A	LI	ML	MH	OI	F	R&D	OS	H
2005	荷兰	0.77168	0.64588	0.52253	0.45193	0.74391	0.77518	0.89249	0.82810	0.47778
	挪威	—	—	—	—	—	—	—	—	—
	波兰	0.79568	0.70626	0.57188	0.59957	0.75161	0.87635	0.92689	0.83808	0.49036
	葡萄牙	0.77934	0.67571	0.48920	0.46616	0.68146	0.89946	0.95056	0.83181	0.36948
	西班牙	0.84583	0.73732	0.59058	0.62605	0.76217	0.90840	0.94995	0.85435	0.54779
	斯洛伐克	—	—	—	—	—	—	—	—	—
	斯洛文尼亚	0.76303	0.55697	0.46364	0.48752	0.67621	0.86704	0.88308	0.80725	0.52537
	瑞典	0.72491	0.69020	0.58337	0.52291	0.76879	0.87472	0.83256	0.80444	0.64017
	土耳其	—	—	—	—	—	—	—	—	—
	中国台湾	—	—	—	—	—	—	—	—	—
	英国	0.79718	0.77866	0.67563	0.71401	0.81145	0.86362	0.92218	0.86208	0.62508
	美国	0.88106	0.87692	0.77954	0.75194	0.87981	0.96296	0.95598	0.94365	0.79104

说明：标示符号及资料来源同附表8。

附表10　部分国家或地区高技术产业的直接就业系数构成

年份	国家或地区	A	LI	ML	MH	OI	F	R&D	OS	H
1995	澳大利亚	0.01894	0.00728	0.00279	0.00962	0.00743	0.01019	0.03091	0.01420	0.00114
	奥地利	0.06975	0.00568	0.00548	0.00587	0.00707	0.00566	0.01469	0.00997	0.00510
	比利时	0.01166	0.00379	0.00305	0.00382	0.00527	0.00571	0.01678	0.00844	0.01112
	巴西	—	—	—	—	—	—	—	—	—
	加拿大	0.01553	0.00748	0.00374	0.00586	0.00812	0.01142	0.02406	0.01399	0.01233
	中国	0.02693	0.04316	0.03815	0.03809	0.03670	0.04302	0.07845	0.14215	0.02553
	捷克	0.05507	0.02696	0.01999	0.03025	0.02819	0.01941	0.10294	0.05303	0.02673
	丹麦	0.00950	0.00477	0.00644	0.00679	0.00577	0.00606	0.01562	0.00938	0.00790
	爱沙尼亚	—	—	—	—	—	—	—	—	—
	芬兰	0.01765	0.00424	0.00537	0.00443	0.00749	0.00705	0.01607	0.01115	0.00731
	法国	0.01150	0.00449	0.00337	0.00497	0.00674	0.00574	0.01734	0.01022	0.00374
	德国	0.01799	0.00598	0.00491	0.00574	0.00828	0.00624	0.01598	0.00984	0.02164
	希腊	0.05744	0.01229	0.01136	0.00937	0.01731	0.01766	0.04666	0.02347	0.02056

年份	国家或地区	A	LI	ML	MH	OI	F	R&D	OS	H
1995	匈牙利	0.03045	0.02053	0.00458	0.01193	0.01554	0.01750	0.07090	0.02467	0.01376
	印度尼西亚	—	—	—	—	—	—	—	—	—
	印度	—	—	—	—	—	—	—	—	—
	爱尔兰	0.01829	0.00372	0.00179	0.00669	0.00394	0.00516	0.01993	0.00882	0.00234
	意大利	0.02252	0.00606	0.00484	0.00547	0.00791	0.00768	0.02290	0.00997	0.00608
	日本	0.02849	0.00484	0.00326	0.00388	0.00584	0.00542	0.00586	0.00716	0.00440
	韩国	0.05791	0.01166	0.00805	0.00616	0.01469	0.01741	0.02995	0.02525	0.02475
	卢森堡	0.01288	0.00475	0.00257	0.00414	0.00880	0.00201	0.00932	0.00782	0.11536
	荷兰	0.01014	0.00409	0.00320	0.00384	0.00514	0.00671	0.01785	0.01234	0.00748
	挪威	0.01403	0.00483	0.00383	0.00439	0.00361	0.00613	0.01893	0.01031	0.03968
	波兰	0.12520	0.03580	0.01639	0.02903	0.03220	0.11415	0.16656	0.05716	0.04357
	葡萄牙	0.07748	0.01565	0.00975	0.01663	0.01606	0.01174	0.03266	0.02147	0.02015
	西班牙	0.02437	0.00679	0.00537	0.00699	0.01066	0.00810	0.02380	0.01480	0.00584
	斯洛伐克	0.10823	0.05856	0.04710	0.03272	0.04787	0.03450	0.31304	0.08000	0.17840
	斯洛文尼亚	—	—	—	—	—	—	—	—	—
	瑞典	0.01521	0.00456	0.00455	0.00486	0.00668	0.00582	0.01914	0.01055	0.01180
	土耳其	—	—	—	—	—	—	—	—	—
	中国台湾	—	—	—	—	—	—	—	—	—
	英国	—	—	—	—	—	—	—	—	—
	美国	0.00996	0.00506	0.00248	0.00485	0.00496	0.00673	0.02143	0.01174	0.00626
2000	澳大利亚	0.02058	0.00804	0.00532	0.00694	0.00832	0.01010	0.03424	0.01500	0.00265
	奥地利	0.07783	0.00625	0.00546	0.00641	0.00861	0.00629	0.01886	0.01246	0.00621
	比利时	0.01374	0.00439	0.00317	0.00349	0.00609	0.00602	0.02041	0.01004	0.00921
	巴西	—	—	—	—	—	—	—	—	—
	加拿大	0.01280	0.00660	0.00309	0.00518	0.00644	0.01027	0.03907	0.01279	0.00357
	中国	0.01589	0.04745	0.03429	0.04069	0.03800	0.04716	0.39507	0.06644	0.02821
	捷克	0.05180	0.02543	0.02075	0.02465	0.02644	0.02581	0.10132	0.04297	0.02715
	丹麦	0.01109	0.00588	0.00734	0.00736	0.00638	0.00704	0.01901	0.01115	0.00690
	爱沙尼亚	—	—	—	—	—	—	—	—	—
	芬兰	0.01909	0.00494	0.00572	0.00536	0.00849	0.00666	0.02092	0.01274	0.00336

续表

年份	国家或地区	A	LI	ML	MH	OI	F	R&D	OS	H
2000	法国	0.01430	0.00556	0.00352	0.00495	0.00818	0.00624	0.02083	0.01271	0.00357
	德国	0.02069	0.00760	0.00581	0.00684	0.01123	0.00760	0.02084	0.01349	0.01744
	希腊	0.06209	0.01307	0.01081	0.00648	0.01394	0.01232	0.03984	0.01923	0.01328
	匈牙利	0.04861	0.03155	0.00430	0.01960	0.03220	0.02913	0.11450	0.04467	0.01916
	印度尼西亚	—	—	—	—	—	—	—	—	—
	印度	—	—	—	—	—	—	—	—	—
	爱尔兰	0.02139	0.00414	0.00208	0.00894	0.00799	0.00627	0.02495	0.01212	0.00289
	意大利	0.02515	0.00663	0.00543	0.00647	0.00912	0.00738	0.02523	0.01151	0.00570
	日本	0.02697	0.00614	0.00367	0.00431	0.00726	0.00528	0.00631	0.00779	0.00487
	韩国	0.06707	0.01058	0.00561	0.00659	0.01391	0.01429	0.03239	0.02279	0.01541
	卢森堡	0.01604	0.00524	0.00279	0.00473	0.00903	0.00129	0.01157	0.00961	0.07735
	荷兰	0.01386	0.00480	0.00357	0.00420	0.00635	0.00784	0.02244	0.01512	0.00764
	挪威	0.01544	0.00539	0.00421	0.00429	0.00291	0.00595	0.02063	0.01077	0.03299
	波兰	0.17952	0.02880	0.01006	0.02121	0.02264	0.03355	0.09952	0.04018	0.02118
	葡萄牙	0.09154	0.01812	0.01057	0.01519	0.02050	0.00971	0.03566	0.02165	0.01994
	西班牙	0.02729	0.00856	0.00631	0.00763	0.01307	0.00939	0.02875	0.01642	0.00454
	斯洛伐克	0.05587	0.03936	0.02282	0.01962	0.02718	0.03414	0.18951	0.04685	0.04530
	斯洛文尼亚	—	—	—	—	—	—	—	—	—
	瑞典	0.01760	0.00483	0.00447	0.00510	0.00925	0.00656	0.01854	0.01103	0.00775
	土耳其	—	—	—	—	—	—	—	—	—
	中国台湾	—	—	—	—	—	—	—	—	—
	英国	—	—	—	—	—	—	—	—	—
	美国	0.00974	0.00419	0.00324	0.00395	0.00647	0.00445	0.01464	0.00900	0.00544
2005	澳大利亚	0.00975	0.00454	0.00280	0.00313	0.00407	0.00487	0.01901	0.00856	0.00442
	奥地利	0.04995	0.00397	0.00333	0.00393	0.00474	0.00475	0.01296	0.00822	0.00531
	比利时	0.00944	0.00293	0.00195	0.00213	0.00412	0.00369	0.01351	0.00683	0.00700
	巴西	—	—	—	—	—	—	—	—	—
	加拿大	—	—	—	—	—	—	—	—	—
	中国	0.01020	0.02424	0.01241	0.01827	0.01408	0.01590	0.03474	0.03824	0.01881
	捷克	0.02585	0.01311	0.00984	0.01041	0.01349	0.00978	0.04399	0.02028	0.01090

续表

年份	国家或地区	A	LI	ML	MH	OI	F	R&D	OS	H
2005	丹麦	0.00744	0.00355	0.00369	0.00453	0.00425	0.00428	0.01207	0.00734	0.01304
	爱沙尼亚	—	—	—	—	—	—	—	—	—
	芬兰	0.01235	0.00343	0.00343	0.00308	0.00527	0.00494	0.01323	0.00793	0.00244
	法国	0.00903	0.00354	0.00215	0.00292	0.00500	0.00409	0.01410	0.00750	0.00250
	德国	0.01963	0.00633	0.00417	0.00496	0.00855	0.00539	0.01805	0.01163	0.01979
	希腊	0.03225	0.00805	0.00645	0.00340	0.00849	0.00761	0.02242	0.01091	0.00886
	匈牙利	0.01969	0.01643	0.00197	0.00907	0.01502	0.00947	0.04154	0.01987	0.00792
	印度尼西亚	—	—	—	—	—	—	—	—	—
	印度	—	—	—	—	—	—	—	—	—
	爱尔兰	—	—	—	—	—	—	—	—	—
	意大利	0.01578	0.00442	0.00381	0.00432	0.00650	0.00467	0.01687	0.00753	0.00437
	日本	0.02866	0.00516	0.00262	0.00329	0.00714	0.00500	0.00701	0.00853	0.00945
	韩国	—	—	—	—	—	—	—	—	—
	卢森堡	0.01435	0.00331	0.00200	0.00311	0.00548	0.00077	0.00915	0.00527	0.02424
	荷兰	0.00905	0.00284	0.00192	0.00230	0.00362	0.00349	0.01289	0.00883	0.00519
	挪威	—	—	—	—	—	—	—	—	—
	波兰	0.08623	0.01412	0.00389	0.01030	0.01069	0.01508	0.05635	0.02215	0.00800
	葡萄牙	0.06499	0.01180	0.00663	0.00870	0.01121	0.00496	0.02113	0.01380	0.01400
	西班牙	0.01722	0.00537	0.00404	0.00503	0.00731	0.00533	0.01841	0.01065	0.00072
	斯洛伐克	—	—	—	—	—	—	—	—	—
	斯洛文尼亚	—	—	—	—	—	—	—	—	—
	瑞典	0.01204	0.00330	0.00234	0.00308	0.00573	0.00429	0.00597	0.00825	0.02297
	土耳其	—	—	—	—	—	—	—	—	—
	中国台湾	—	—	—	—	—	—	—	—	—
	英国	—	—	—	—	—	—	—	—	—
	美国	0.07478	0.03191	0.02291	0.02511	0.04817	0.03725	0.11393	0.07082	0.05272

说明：标示符号含义及资料来源同附表8。

附表11　部分国家或地区高技术产业的
完全就业系数构成

年份	国家或地区	A	LI	ML	MH	OI	F	R&D	OS	H
1995	澳大利亚	0.02950	0.02164	0.01389	0.01995	0.01592	0.01642	0.03342	0.02380	0.01031
	奥地利	0.07443	0.02100	0.00962	0.01058	0.01205	0.00870	0.01655	0.01441	0.00868
	比利时	0.01660	0.00938	0.00598	0.00746	0.01070	0.00955	0.01831	0.01282	0.01440
	巴西	—	—	—	—	—	—	—	—	—
	加拿大	0.02678	0.01807	0.00855	0.01359	0.01412	0.01896	0.02750	0.02072	0.02019
	中国	0.06688	0.12047	0.12061	0.12569	0.11700	0.09933	0.09806	0.21121	0.10305
	捷克	0.09439	0.07034	0.05678	0.06471	0.06790	0.04439	0.12787	0.08614	0.05200
	丹麦	0.01543	0.01172	0.01018	0.01073	0.01116	0.00941	0.01800	0.01277	0.01151
	爱沙尼亚	—	—	—	—	—	—	—	—	—
	芬兰	0.02552	0.01417	0.01043	0.00955	0.01328	0.01108	0.02004	0.01605	0.01123
	法国	0.01731	0.01236	0.00987	0.01050	0.01244	0.01103	0.02011	0.01418	0.00962
	德国	0.02425	0.01440	0.01118	0.01182	0.01458	0.01109	0.01906	0.01431	0.02863
	希腊	0.07128	0.04155	0.02249	0.01863	0.02618	0.02445	0.05061	0.03186	0.03080
	匈牙利	0.05073	0.04121	0.01107	0.02261	0.02712	0.02629	0.07931	0.03696	0.01741
	印度尼西亚	—	—	—	—	—	—	—	—	—
	印度	—	—	—	—	—	—	—	—	—
	爱尔兰	0.02135	0.01067	0.00377	0.00924	0.00789	0.00863	0.02094	0.01100	0.00365
	意大利	0.02891	0.01599	0.01190	0.01207	0.01474	0.01125	0.02522	0.01539	0.01170
	日本	0.03594	0.01360	0.00964	0.00892	0.01092	0.00836	0.00822	0.01052	0.01021
	韩国	0.07055	0.03551	0.02303	0.02695	0.03228	0.02717	0.03589	0.03904	0.04424
	卢森堡	0.01551	0.00783	0.00496	0.00706	0.01125	0.00343	0.01027	0.00974	0.12193
	荷兰	0.01612	0.00988	0.00743	0.00761	0.01058	0.01113	0.02109	0.01662	0.01182
	挪威	0.01970	0.01399	0.00863	0.00925	0.00731	0.00972	0.02135	0.01440	0.04537
	波兰	0.19810	0.11252	0.05815	0.06891	0.07065	0.18805	0.18440	0.09566	0.08457
	葡萄牙	0.09333	0.04187	0.02182	0.02868	0.03240	0.01934	0.03818	0.03309	0.03072
	西班牙	0.03366	0.02152	0.01306	0.01526	0.01993	0.01300	0.02674	0.02065	0.01291
	斯洛伐克	0.18426	0.13244	0.07833	0.07364	0.10469	0.05923	0.34249	0.12854	0.23468

年份	国家或地区	A	LI	ML	MH	OI	F	R&D	OS	H
1995	斯洛文尼亚	—	—	—	—	—	—	—	—	—
	瑞典	0.01908	0.01240	0.00965	0.00971	0.01058	0.00960	0.02338	0.01536	0.01749
	土耳其	—	—	—	—	—	—	—	—	—
	中国台湾	—	—	—	—	—	—	—	—	—
	英国	—	—	—	—	—	—	—	—	—
	美国	0.01968	0.01368	0.00970	0.01245	0.01174	0.01363	0.02516	0.01712	0.01221
2000	澳大利亚	0.03038	0.02201	0.01463	0.01694	0.01705	0.01739	0.03685	0.02418	0.01088
	奥地利	0.10091	0.02045	0.00991	0.01115	0.01415	0.00984	0.02103	0.01833	0.01029
	比利时	0.01948	0.01066	0.00669	0.00733	0.01226	0.01147	0.02224	0.01517	0.01313
	巴西	—	—	—	—	—	—	—	—	—
	加拿大	0.02188	0.01485	0.00699	0.01003	0.01112	0.01739	0.04174	0.01863	0.00699
	中国	0.05264	0.10614	0.10634	0.11227	0.10386	0.07342	0.44222	0.12110	0.08248
	捷克	0.08576	0.05530	0.03629	0.04436	0.06075	0.06062	0.11769	0.06791	0.04044
	丹麦	0.01854	0.01351	0.01182	0.01212	0.01171	0.01148	0.02203	0.01523	0.01103
	爱沙尼亚	—	—	—	—	—	—	—	—	—
	芬兰	0.02810	0.01610	0.01137	0.01058	0.01597	0.01122	0.02514	0.01829	0.00882
	法国	0.02194	0.01545	0.01161	0.01165	0.01569	0.01332	0.02455	0.01798	0.01176
	德国	0.02918	0.01776	0.01382	0.01364	0.01929	0.01619	0.02487	0.01932	0.02514
	希腊	0.07816	0.03742	0.01909	0.01255	0.02209	0.01776	0.04173	0.02540	0.02218
	匈牙利	0.08203	0.06305	0.01338	0.03543	0.04936	0.05195	0.12811	0.06515	0.02240
	印度尼西亚	—	—	—	—	—	—	—	—	—
	印度	—	—	—	—	—	—	—	—	—
	爱尔兰	0.02831	0.01130	0.00315	0.01195	0.01434	0.00826	0.02754	0.01605	0.00383
	意大利	0.03274	0.01792	0.01370	0.01396	0.01742	0.01300	0.02827	0.01834	0.01205
	日本	0.03434	0.01572	0.01144	0.01065	0.01312	0.00917	0.00901	0.01231	0.01194
	韩国	0.07923	0.03660	0.01657	0.01595	0.02511	0.02236	0.03827	0.03462	0.02698
	卢森堡	0.01882	0.00899	0.00608	0.00795	0.01222	0.00256	0.01287	0.01179	0.08193
	荷兰	0.02153	0.01199	0.00904	0.00861	0.01328	0.01397	0.02656	0.02081	0.01317
	挪威	0.02137	0.01475	0.00958	0.00927	0.00552	0.01066	0.02332	0.01547	0.04026
	波兰	0.26981	0.09549	0.03289	0.04575	0.04916	0.06505	0.11151	0.06557	0.04330

续表

年份	国家或地区	A	LI	ML	MH	OI	F	R&D	OS	H
2000	葡萄牙	0.11164	0.04517	0.02161	0.02608	0.03841	0.01909	0.04023	0.03349	0.02966
	西班牙	0.03575	0.02319	0.01355	0.01642	0.02434	0.01522	0.03143	0.02429	0.01158
	斯洛伐克	0.09982	0.07012	0.03367	0.03772	0.06689	0.06498	0.20443	0.07554	0.06084
	斯洛文尼亚	—	—	—	—	—	—	—	—	—
	瑞典	0.02226	0.01297	0.00975	0.01004	0.01373	0.01064	0.02286	0.01609	0.01455
	土耳其	—	—	—	—	—	—	—	—	—
	中国台湾	—	—	—	—	—	—	—	—	—
	英国	—	—	—	—	—	—	—	—	—
	美国	0.01773	0.01204	0.00970	0.01007	0.01164	0.00962	0.02017	0.01375	0.01186
2005	澳大利亚	0.01448	0.01195	0.00876	0.00911	0.01009	0.00851	0.02153	0.01399	0.01014
	奥地利	0.06196	0.01295	0.00653	0.00723	0.00863	0.00876	0.01462	0.01217	0.00826
	比利时	0.01259	0.00711	0.00461	0.00447	0.00748	0.00719	0.01451	0.01011	0.01023
	巴西	—	—	—	—	—	—	—	—	—
	加拿大	—	—	—	—	—	—	—	—	—
	中国	0.02661	0.05552	0.04531	0.05123	0.04462	0.03506	0.05451	0.06266	0.04517
	捷克	0.03827	0.02838	0.01929	0.02020	0.02861	0.02593	0.05007	0.03333	0.01605
	丹麦	0.01236	0.00858	0.00682	0.00753	0.00784	0.00681	0.01427	0.01010	0.01596
	爱沙尼亚	—	—	—	—	—	—	—	—	—
	芬兰	0.01880	0.01047	0.00695	0.00598	0.00970	0.00890	0.01582	0.01145	0.00567
	法国	0.01411	0.00987	0.00680	0.00687	0.00945	0.00889	0.01598	0.01092	0.00705
	德国	0.02695	0.01513	0.01047	0.01042	0.01481	0.01200	0.02215	0.01643	0.02552
	希腊	0.03924	0.01898	0.01097	0.00698	0.01271	0.01083	0.02439	0.01426	0.01290
	匈牙利	0.03267	0.03099	0.00632	0.01699	0.02497	0.01936	0.04743	0.02904	0.00967
	印度尼西亚	—	—	—	—	—	—	—	—	—
	印度	—	—	—	—	—	—	—	—	—
	爱尔兰	—	—	—	—	—	—	—	—	—
	意大利	0.02025	0.01204	0.00985	0.00977	0.01165	0.00857	0.01909	0.01196	0.00908
	日本	0.00036	0.00014	0.00009	0.00008	0.00012	0.00008	0.00010	0.00012	0.00016
	韩国	—	—	—	—	—	—	—	—	—
	卢森堡	0.01615	0.00537	0.00380	0.00499	0.00730	0.00137	0.00969	0.00648	0.02673

续表

年份	国家或地区	A	LI	ML	MH	OI	F	R&D	OS	H
2005	荷兰	0.01424	0.00751	0.00522	0.00477	0.00758	0.00597	0.01484	0.01236	0.00943
	挪威	—	—	—	—	—	—	—	—	—
	波兰	0.11543	0.04564	0.01681	0.02284	0.02256	0.02678	0.06294	0.03409	0.01807
	葡萄牙	0.07894	0.02919	0.01337	0.01498	0.02240	0.01074	0.02367	0.02102	0.02011
	西班牙	0.02221	0.01499	0.00977	0.01089	0.01489	0.00911	0.02013	0.01547	0.00568
	斯洛伐克	—	—	—	—	—	—	—	—	—
	斯洛文尼亚	—	—	—	—	—	—	—	—	—
	瑞典	0.01645	0.00914	0.00593	0.00618	0.00865	0.00665	0.00910	0.01179	0.02618
	土耳其	—	—	—	—	—	—	—	—	—
	中国台湾	—	—	—	—	—	—	—	—	—
	英国	—	—	—	—	—	—	—	—	—
	美国	0.01318	0.00938	0.00736	0.00715	0.00864	0.00734	0.01605	0.01089	0.01044

说明：标示符号及资料来源同附表 8。

附表 12　中国代表性省市高技术出口的国内完全增加值系数构成

年份	部门	全国	北京	上海	广东	山东	浙江	江苏	湖北	河南	四川	陕西
1997	农业	0.0401	—	—	—	—	0.0211	0.0105	—	0.0426	—	0.1066
	低技术	0.0342	—	—	—	—	0.0370	0.0172	—	0.0343	—	0.0367
	中低技术	0.0810	—	—	—	—	0.0684	0.0300	—	0.0747	—	0.0361
	中高技术	0.1001	—	—	—	—	0.0966	0.0481	—	0.0611	—	0.0372
	高技术	0.3643	—	—	—	—	0.3331	0.3038	—	0.2904	—	0.3302
	其他工业	0.0542	—	—	—	—	0.0265	0.0247	—	0.0772	—	0.0406
	信息服务	0.0105	—	—	—	—	0.0152	0.0687	—	0.0040	—	0.0093
	金融	0.0193	—	—	—	—	0.0078	0.0005	—	0.0243	—	0.0186
	研发	0.0004	—	—	—	—	0.0010	0.0015	—	0.0001	—	0.0061
	教育	0.0013	—	—	—	—	0.0011	0.0000	—	0.0019	—	0.0028
	其他服务	0.0954	—	—	—	—	0.1543	0.0515	—	0.1269	—	0.1844
	总体	0.8008	—	—	—	—	0.7621	0.5565	—	0.7375	—	0.8086

续表

年份	部门	全国	北京	上海	广东	山东	浙江	江苏	湖北	河南	四川	陕西
2002	农业	0.0259	0.0030	0.0012	0.0053	0.0586	0.0386	0.0273	—	0.1167	0.0319	0.0802
	低技术	0.0221	0.0065	0.0068	0.0113	0.1339	0.0463	0.0228	—	0.0565	0.0255	0.0108
	中低技术	0.0635	0.0095	0.0354	0.0137	0.0689	0.0955	0.0357	—	0.0683	0.0438	0.0251
	中高技术	0.0750	0.0126	0.0366	0.0257	0.0811	0.1366	0.0741	—	0.0570	0.0483	0.0448
	高技术	0.3153	0.2451	0.2943	0.2679	0.3134	0.2815	0.2806	—	0.3185	0.3425	0.2906
	其他工业	0.0448	0.0073	0.0136	0.0176	0.0701	0.0615	0.0257	—	0.0635	0.0309	0.0367
	信息服务	0.0145	0.0186	0.0074	0.0080	0.0069	0.0145	0.0094	—	0.0061	0.0286	0.0057
	金融	0.0239	0.0321	0.0343	0.0087	0.0170	0.0328	0.0260	—	0.0120	0.0421	0.0126
	研发	0.0007	0.0113	0.0036	0.0007	0.0044	0.0054	0.0013	—	0.0001	0.0192	0.0051
	教育	0.0014	0.0016	0.0005	0.0002	0.0007	0.0014	0.0003	—	0.0003	0.0055	0.0021
	其他服务	0.1194	0.1852	0.0822	0.0844	0.1632	0.1690	0.0994	—	0.1372	0.2877	0.1530
	总体	0.7065	0.5328	0.5159	0.4435	0.9182	0.8831	0.6025	—	0.8361	0.9059	0.6666
2007	农业	0.0302	0.0023	0.0002	0.0042	0.0356	0.0130	0.0059	0.0176	0.0575	0.0318	0.0140
	低技术	0.0234	0.0022	0.0038	0.0100	0.0384	0.0234	0.0116	0.0219	0.0765	0.0217	0.0069
	中低技术	0.0783	0.0068	0.0220	0.0204	0.1012	0.0576	0.0380	0.0847	0.0785	0.0649	0.0274
	中高技术	0.0670	0.0205	0.0346	0.0337	0.1612	0.0598	0.0566	0.0513	0.0292	0.0467	0.0231
	高技术	0.2683	0.2321	0.1842	0.2659	0.2694	0.3111	0.3183	0.4405	0.3109	0.4210	0.4611
	其他工业	0.0549	0.0064	0.0079	0.0177	0.1230	0.0441	0.0166	0.0365	0.0788	0.0381	0.0544
	信息服务	0.0098	0.0027	0.0080	0.0032	0.0056	0.0082	0.0084	0.0098	0.0039	0.0073	0.0015
	金融	0.0321	0.0081	0.0146	0.0142	0.0250	0.0261	0.0308	0.0117	0.0110	0.0195	0.0079
	研发	0.0028	0.0031	0.0208	0.0003	0.0014	0.0142	0.0027	0.0014	0.0023	0.0064	0.0033
	教育	0.0036	0.0054	0.0006	0.0001	0.0020	0.0015	0.0007	0.0018	0.0026	0.0017	0.0007
	其他服务	0.0989	0.0716	0.0621	0.0676	0.1423	0.1031	0.0721	0.1742	0.1470	0.1267	0.0576
	总体	0.6693	0.3612	0.3586	0.4372	0.9052	0.6622	0.5618	0.8515	0.7983	0.7859	0.6580

资料来源：基于国家统计局和十个省市投入产出表计算。

说明：标"—"表示原数据缺失。

附表13　中国代表性省市高技术出口的完全就业系数构成

年份	部门	全国	北京	上海	广东	山东	浙江	江苏	湖北	河南	四川	陕西
1997	农业	0.0090	—	—	—	—	0.0037	0.0015	—	0.0123	—	0.0411
	低技术	0.0073	—	—	—	—	0.0049	0.0034	—	0.0097	—	0.0230
	中低技术	0.0217	—	—	—	—	0.0092	0.0081	—	0.0183	—	0.0116
	中高技术	0.0120	—	—	—	—	0.0048	0.0038	—	0.0109	—	0.0155
	高技术	0.0723	—	—	—	—	0.0355	0.0516	—	0.1139	—	0.1010
	其他工业	0.0100	—	—	—	—	0.0032	0.0025	—	0.0148	—	0.0110
	信息服务	0.0003	—	—	—	—	0.0002	0.0001	—	0.0002	—	0.0002
	金融	0.0026	—	—	—	—	0.0014	0.0011	—	0.0037	—	0.0047
	研发	0.0003	—	—	—	—	0.0002	0.0007	—	0.0000	—	0.0034
	教育	0.0015	—	—	—	—	0.0008	0.0004	—	0.0029	—	0.0025
	其他服务	0.0386	—	—	—	—	0.0284	0.0233	—	0.0474	—	0.0909
	总体	0.1757	—	—	—	—	0.0923	0.0965	—	0.2340	—	0.3048
2002	农业	0.0051	0.0002	0.0001	0.0008	0.0089	0.0050	0.0031	—	0.0319	0.0077	0.0258
	低技术	0.0017	0.0010	0.0005	0.0007	0.0088	0.0014	0.0013	—	0.0046	0.0018	0.0018
	中低技术	0.0076	0.0023	0.0034	0.0010	0.0098	0.0064	0.0028	—	0.0072	0.0056	0.0053
	中高技术	0.0038	0.0015	0.0014	0.0007	0.0032	0.0023	0.0027	—	0.0036	0.0044	0.0065
	高技术	0.0243	0.0195	0.0216	0.0146	0.0250	0.0098	0.0156	—	0.0434	0.0376	0.0505
	其他工业	0.0040	0.0012	0.0006	0.0010	0.0053	0.0041	0.0012	—	0.0079	0.0039	0.0035
	信息服务	0.0002	0.0011	0.0001	0.0000	0.0001	0.0001	0.0001	—	0.0001	0.0001	0.0001
	金融	0.0017	0.0005	0.0007	0.0005	0.0012	0.0020	0.0016	—	0.0019	0.0034	0.0038
	研发	0.0000	0.0001	0.0001	0.0001	0.0000	0.0001	0.0000	—	0.0000	0.0005	0.0002
	教育	0.0005	0.0005	0.0001	0.0001	0.0009	0.0003	0.0001	—	0.0003	0.0030	0.0012
	其他服务	0.0112	0.0209	0.0058	0.0044	0.0125	0.0084	0.0068	—	0.0206	0.0328	0.0290
	总体	0.0602	0.0490	0.0344	0.0241	0.0756	0.0399	0.0352	—	0.1213	0.1009	0.1277

续表

年份	部门	全国	北京	上海	广东	山东	浙江	江苏	湖北	河南	四川	陕西
2007	农业	0.0033	0.0001	0.0000	0.0004	0.0029	0.0009	0.0003	0.0014	0.0076	0.0035	0.0021
	低技术	0.0010	0.0002	0.0001	0.0004	0.0016	0.0010	0.0004	0.0006	0.0017	0.0006	0.0005
	中低技术	0.0031	0.0008	0.0008	0.0008	0.0039	0.0027	0.0010	0.0043	0.0023	0.0043	0.0012
	中高技术	0.0016	0.0007	0.0006	0.0006	0.0023	0.0020	0.0007	0.0019	0.0006	0.0011	0.0014
	高技术	0.0131	0.0105	0.0081	0.0103	0.0110	0.0130	0.0134	0.0140	0.0141	0.0183	0.0342
	其他工业	0.0025	0.0003	0.0002	0.0005	0.0046	0.0028	0.0004	0.0026	0.0049	0.0032	0.0018
	信息服务	0.0002	0.0001	0.0001	0.0001	0.0001	0.0001	0.0001	0.0002	0.0001	0.0002	0.0000
	金融	0.0009	0.0001	0.0002	0.0003	0.0009	0.0005	0.0006	0.0005	0.0008	0.0009	0.0005
	研发	0.0003	0.0002	0.0014	0.0000	0.0001	0.0007	0.0001	0.0001	0.0003	0.0005	0.0004
	教育	0.0007	0.0006	0.0000	0.0000	0.0004	0.0002	0.0001	0.0002	0.0008	0.0004	0.0002
	其他服务	0.0054	0.0048	0.0022	0.0023	0.0055	0.0033	0.0020	0.0100	0.0107	0.0076	0.0052
	总体	0.0322	0.0185	0.0137	0.0156	0.0334	0.0271	0.0191	0.0359	0.0439	0.0408	0.0476

说明：标识及资料来源同附表12。

附表14　中国及代表性省市投入产出表部门归并方法

大产业	细分产业
农业	农业；林业；畜牧业；渔业；农、林、牧、渔服务业
低技术	谷物磨制业；饲料加工业；植物油加工业；制糖业；屠宰及肉类加工业；水产品加工业；其他食品加工业；方便食品制造业；液体乳及乳制品制造业；调味品、发酵制品制造业；其他食品制造业；酒精及酒的制造业；软饮料及精制茶加工业；烟草制品业；棉、化纤纺织及印染精加工业；毛纺织和染整精加工业；麻纺织、丝绢纺织及精加工业；纺织制成品制造业；针织品、编织品及其制品制造业；纺织服装、鞋、帽制造业；皮革、毛皮、羽毛（绒）及其制品业；木材加工及木、竹、藤、棕、草制品业；家具制造业；造纸及纸制品业；印刷业和记录媒介的复制业；文教体育用品制造业
中低技术	石油及核燃料加工业；炼焦业；水泥、石灰和石膏制造业；水泥及石膏制品制造业；砖瓦、石材及其他建筑材料制造业；玻璃及玻璃制品制造业；陶瓷制品制造业；耐火材料制品制造业；石墨及其他非金属矿物制品制造业；炼铁业；炼钢业；钢压延加工业；铁合金冶炼业；有色金属冶炼及合金制造业；有色金属压延加工业；金属制品业

续表

大产业	细分产业
中高技术	基础化学原料制造业；肥料制造业；农药制造业；涂料、油墨、颜料及类似产品制造业；合成材料制造业；专用化学产品制造业；日用化学产品制造业；化学纤维制造业；橡胶制品业；塑料制品业；锅炉及原动机制造业；金属加工机械制造业；起重运输设备制造业；泵、阀门、压缩机及类似机械的制造业；其他通用设备制造业；铁路运输设备制造业；汽车制造业；船舶及浮动装置制造业；其他交通运输设备制造业；电机制造业；输配电及控制设备制造业；电线、电缆、光缆及电工器材制造业；家用电力和非电力器具制造业；其他电气机械及器材制造业
高技术	医药制造业；矿山、冶金、建筑专用设备制造业；化工、木材、非金属加工专用设备制造业；农林牧渔专用机械制造业；其他专用设备制造业；通信设备制造业；雷达及广播设备制造业；电子计算机制造业；电子元器件制造业；家用视听设备制造业；其他电子设备制造业；仪器仪表制造业；文化、办公用机械制造业
其他工业	煤炭开采和洗选业；石油和天然气开采业；黑色金属矿采选业；有色金属矿采选业；非金属矿及其他矿采选业；工艺品及其他制造业；废品废料；电力、热力的生产和供应业；燃气生产和供应业；水的生产和供应业；建筑业
信息	电信和其他信息传输服务业；计算机服务业；软件业
金融	银行业、证券业及其他金融活动；保险业
研发	研究与试验发展业
教育	教育
其他服务	铁路运输业；道路运输业；城市公共交通业；水上运输业；航空运输业；管道运输业；装卸搬运和其他运输服务业；仓储业；邮政业；批发零售业；住宿业；餐饮业；房地产业；租赁业；商务服务业；旅游业；专业技术服务业；科技交流和推广服务业；地质勘查业；水利管理业；环境管理业；公共设施管理业；居民服务业；其他服务业；卫生；社会保障业；社会福利业；新闻出版业；广播、电视、电影和音像业；文化艺术业；体育；娱乐业；公共管理和社会组织

资料来源：根据全国及各地区投入产出表及附表3整理。

附表15　高技术企业调查问卷

基本信息	注册时间		注册资本	
	场地总面积		联系电话	
	企业属于	A. 国家火炬计划重点高新技术企业；B. 省高新技术企业；C. 嘉兴市级高新技术企业		
	企业类型	1. 国有；2. 集体；3. 私营；4. 联营；5. 股份制；6. 合资；7. 外资；8. 与港澳台合资；9. 港澳台独资；10. 其他		
	所属行业	1. 电子信息；2. 新材料；3. 生物医药；4. 光机电一体化；5. 环保；6. 新能源；7. 其他		

续表

经济指标及产品情况		2005 年	2006 年	2007 年	2008 年
	主要产品年产值				
	主要产品年产量				
	产值中增加值的比例				
	出口总额（万美元）				
	主要原材料、中间投入品价值（万元）	_____其中进口_____	_____其中进口_____	_____其中进口_____	_____其中进口_____
	产品市场占有率	国际市场____国内市场____	国际市场____国内市场____	国际市场____国内市场____	国际市场____国内市场____
	生产设备主要来源	A. 进口；B. 国内购买；C. 自主研发；D. 其他	产品设计、研发的来源（　）	A. 企业内部；B. 国内企业；C. 国外企业；D. 其他	
	产品主要销售渠道	出口____%；国内销售____%（其配套平湖企业生产____%）			
	从事的主要生产工序	A. 核心部件加工；B. 一般零件加工；C. 最终组装、装配；D. 成品检测			
科技活动		2005 年	2006 年	2007 年	2008 年
	研发人员（人）				
	年研发投入（万元）				
发展情况	选择在平湖投资的主要原因	A. 政府服务高效便捷 B. 优惠政策 C. 地理区位便利 D. 追随上下游企业 E. 利用平湖的资源 F. 发现新的市场机遇 G. 区内配套产业齐全 H. 其他_____			
	发展过程中最困难的问题	A. 融资困难；B. 人才缺乏；C. 企业负担过重；D. 面临环保、产业政策调整等压力			

说明：所有涉及金额的单位为万元人民币。

后　记

　　天时人事日相催，冬至阳生春又来，时光荏苒中此书稿终有机会出版。本书成稿于2011年，是我在浙江大学经济学院攻读博士学位期间主要成果的合集，部分内容曾发表于《世界经济》、《管理世界》、《浙江大学学报》（人文社会科学版）和 *Journal of International Commerce and Economics* 等期刊，并被 *China Economist*、《中国社会科学文摘》等转载。付梓之际，特别对多年来给予我关怀和支持的人道一声感谢。

　　感谢我博士阶段的导师黄先海教授的指导与教诲。黄教授丰厚而渊博的学术素养、严谨而勤勉的治学态度、宽和而热诚的待人方式、平和而奋进的处世心态，是我等为人为事的终身楷模。也非常感谢师母郑雅莉教授对我工作和生活上的关怀与支持。特别感谢浙江工商大学张旭坤教授，是他当初的引荐与帮助，才使我与浙大结缘。

　　感谢浙江大学张小蒂教授、宋玉华教授、顾国达教授、肖文教授、马述忠教授、严建苗教授、朱希伟教授、叶建亮副教授，感谢他们对我研究过程中给予的无私指导与帮助。感谢陆菁教授、牛海霞副教授、邓娟老师、李毅老师，以及研究生院的王莉老师对我学习与生活的关怀和帮助。感谢韩凤舞、林高邦、陈如、陈雪等07秋博班的同学，感谢席文波、王朔、陈晓华、周俊子、刘毅群、杨君、王宜斌、熊杰、黄东生、卓昊、贾曼等同门好友，感谢柴斌锋、杨廷、赵学平、毛飞、刘海滨、张友勇，以及王勉、王环、张晓娟、张长军、杨兴旺、任海平、徐翔、马晓宇等昔日好友，他们的支持与帮助是我人生征程上的朝霞晨露，在倦行时给我慰藉，在起航时给我动力！

　　特别向一直给我莫大支持的家人道一声辛苦和感谢！父母、姐弟妹始终如一的支持，向来是我前行的力量来源！爱人张丹辉和岳父母的支持以及对我女儿的照看，让我能免去后顾之忧而安心于学业。特别感谢我的

"小公主"萌萌，她的到来和成长，是上天给我最大的恩赐和鼓励，虽然以往常常聚少离多，但每每想起她天真可爱的笑脸，我的天空就会一片朗晴！愿她健康快乐成长！

也感谢浙江大学及经济学院的培养和提供的发展机会，愿明天更加美好！

杨高举

2015 年 1 月 4 日于求是园